BESSER ESSER

TEXT: TANJA DUSY
FOTOS: COCO LANG

IN 4 SCHRITTEN

1

TAKE IT EASY, entspann dich: Essen ist wichtig, sollte allerdings keinesfalls Stress machen. Was ist gesund, was macht dick, was schadet? So viele Fragen, zu viele Antworten. Verirre dich nicht im Dickicht widersprüchlicher Empfehlungen. Such dir deinen eigenen Weg und fang ganz einfach an: Lass im Supermarkt alles liegen, bei dem du nicht weißt, was wirklich drin ist. Nimm dir ein bisschen Zeit, das herauszusuchen, was wirklich frisch und unverarbeitet ist.

2

WERDE SELBERKOCHER, dann weißt du immer, was auf deinem Teller liegt, und du kannst entscheiden, was du magst und was nicht. Kochen ist kompliziert? Aber nicht die Bohne. Du brauchst keinen riesigen Gerätepark, keinen mega Vorratsschrank und bekommst alles im nächsten Super- oder Biomarkt. Stundenlang am Herd stehen? Auf keinen Fall. Besserkocher kennen neue Gerichte: Sie packen beispielsweise alles in einen Topf oder in eine Schüssel, lassen den Backofen für sich kochen oder genießen auch mal roh.

3

WERDE BESSERWISSER, mach dich schlau. Wenn du weißt, was Gluten oder Lactose ist, wo wie viel Zucker drin steckt und warum Gemüse wirklich gesund ist, kannst du den Schreckensbotschaften, Verboten und Vorschriften rund um dein Essen gelassen gegenüberstehen. Und weil leckere Praxis besser als graue Theorie schmeckt: Iss mit unseren variablen Rezepten entweder vegetarisch oder vegan, mal mit Gluten, mal mit weniger Fett oder ohne Lactose und schau, was dir persönlich guttut.

4

BLEIBE EIN GENUSSESSER – vergiss vor lauter Besserwisserei rund um das Thema Essen nicht, dass auch gesunde Küche in erster Linie Spaß machen soll: entdecke neue, vielleicht noch ungewohnte Kombinationen von allerlei Altbekanntem. Genieße das Auswählen, Riechen und Schmecken bester saisonaler Zutaten und den Reiz origineller Zubereitungsmethoden. Iss vielfältig, heute vielleicht vegetarisch, morgen vegan, aber stets immer besser richtig gesund.

ZUM BESSER ESSER

(V) Vegan
(LF) Lactosefrei
(R) Raw
(GF) Glutenfrei

DIE REZEPTE

DIE BESSER-WISSER-INFOS

BESSER ESSEN

Wenn meine Großmutter ein paar Pfunde loswerden wollte, schnallte sie den sprichwörtlichen Gürtel enger, aß weniger, ließ die Butter auf dem Brot und Süßes weg. Das war, nicht zuletzt in Erinnerung an den Mangel in den Kriegsjahren, ihr Erfolgsrezept. Meine Mutter hielt es ähnlich, studierte zusätzlich »Kalorientabellen« und nannte das FDH (Friss die Hälfte!). Sie ersetzte die Butter häufig durch Margarine und wunderte sich über die Nachbarin, die Geld für Light-Produkte ausgab, wo's doch offensichtlich weniger für mehr Geld gab.

Wie schön einfach war das damals. Wenn mir heute die Waage signalisiert, dass es ratsam wäre, etwas kürzerzutreten, oder ich das Gefühl habe, mich mal wieder etwas gesünder ernähren zu müssen, wird mir inzwischen manchmal angst und bange: Kalorienzählen ist out, Butter wieder erlaubt, solange sie nicht mit Kohlenhydraten kombiniert wird, und Brot macht – zumindest wenn man einigen Autoren glaubt – nicht nur dick, sondern auch noch dumm. Und es ist mindestens so hochgefährlich wie Zucker, Salz, Gluten, Lactose oder Fructose. Diese Aufzählung könnte beliebig fortgesetzt werden, jeden Monat wird ein neues Lebensmittel als dickmachend oder ungesund entlarvt und dafür ein anderes als Wundermittel gepriesen. Wer blickt denn da noch durch? Wem kann man glauben? Man fragt sich zu Recht: Was soll ich, was darf ich, was kann ich noch essen?

Einfache Antworten gibt es heute leider nicht mehr. Noch nie haben sich der Stand der Ernährungswissenschaften und die jeweiligen Empfehlungen so rasant verändert wie in den letzten Jahren. Und niemand kann mit Sicherheit sagen, wie sich alles zukünftig weiterentwickeln wird. Aber eigentlich ist das nicht tragisch und schon gar kein Grund, in Panik zu verfallen. Denn das halte ich für eine gute Nachricht: dass sich die Wissenschaft vermehrt dem komplexen Zusammenspiel von Ernährung und Körperfunktionen widmet, sie analysiert und neu einschätzt. Das ist für unsere Gesundheit doch in jedem Fall von Vorteil.

Und gleichzeitig eröffnet es uns die Chance, viel zu entdecken: Zum einen können wir eine Menge über uns selbst und unser Essverhalten erkunden. Zum anderen eine Vielzahl toller, innovativer Rezepte entdecken, die unserem heutigen aktiven Alltag entsprechen, dazu zeitsparende gesunde Kochtechniken und eine Vielfalt an Aromen. Eine bessere Art zu essen, die nicht einfach verzichten bedeutet, sondern die unsere Fähigkeit zum sinnlichen Wahrnehmen, zum Genießen und Schmecken fördert – und jedem von uns letztlich die Möglichkeit bietet, die persönliche Antwort und Entscheidung zu treffen, was für ihn gut i(s)st und was noch ein bisschen besser.

Wozu »Besser Esser« einladen möchte, ist nicht nur eine Bildungsreise durch den scheinbar undurchdringlichen Dschungel unterschiedlicher Diätansätze mit ihren Pros und Contras. Hierzu werden auf einzelnen Seiten die aktuell kursierenden Themen, wie etwa Low Carb, Gluten-, Lactose- oder Fructose-Unverträglichkeit, die uns in allen Medien begegnen, offen diskutiert.

Gleichzeitig führt uns die »Besser-Esser«-Safari aber auch durch kulinarische Gebiete, die wir vielleicht ohne spezielles Interesse niemals kennenlernen würden. Dort erwartet uns eine riesige Vielfalt an vegetarischen Rezepten, bei denen nicht einfach nur Fleisch oder – bedingt durch Nahrungsmittelunverträglichkeiten – andere Lebensmittel weggelassen oder ersetzt werden. Das Entfallen bzw. der bewusste Verzicht auf bestimmte Produkte fördert nämlich eine kreative Art gesunder Küche. Dort wird nicht einfach Sojaschnitzel anstelle von Schwein gebraten oder die glutenfreie Backmischung für zuckersüßen Kuchen verwendet. Es werden vielmehr völlig neue Gerichte und eigene Mahlzeitentypen entwickelt: so etwa rundum sattmachende Rohkostsalate, neuartige Lunch-Sandwiches, Buddha- oder Smoothie-Bowls, Overnight-Oats und One-Pot-Gerichte. Glutenfreie Pfannenpizza, die in Nullkommanichts auf dem Tisch steht, Gemüsesticks aus dem Ofen mit Dips und selbst gemachter Nussaufstrich, bei dem man garantiert weiß, was drin steckt – hört sich das etwa nach Verzicht an?

Antworten auf alle Fragen, die sich derzeit im ernährungswissenschaftlichen Dickicht stellen, wird es bei dieser Reise nicht geben. Und schon gar keine eindeutigen Empfehlungen, einer bestimmten neuen Theorie zu folgen. Aber: Jeder wird nach der Tour durch dieses Buch weit mehr als bisher über gesunde Ernährung wissen, bewusster einkaufen, besser kochen, besser – und das heißt vor allem auch wieder genussvoller – essen.

Entscheiden, was du isst und was nicht, musst aber ohnehin du selbst. Nicht zuletzt auch, ob dein Essen nur gut für dich oder auch für die Umwelt und deine Mitmenschen ist: indem man etwa auch die Ökobilanz bestimmter Produkte im Blickfeld behält. Oder ob du Fleischesser bleibst, weniger Fleisch konsumierst, vollständig vegetarisch oder ab und zu vegan isst. Am Ende wird sich herausstellen, dass es gar nicht darauf ankommt, der einen richtigen Heilslehre zu folgen. Wichtig ist vielmehr, wieder das notwendige Gespür zu entwickeln, um individuell zu wissen, was wirklich schmeckt und was einem persönlich guttut.

Learning by cooking lautet die Devise! Werde selbst zum Entdecker am Herd! Vieles ist einem sowieso schon bekannt, etwa welche Lebensmittel tendenziell gesund sind und welche eher kleine oder größere Sünden darstellen – was auch schon die Oma wusste ...

WAS ES BESSER BRAUCHT

Was wir essen sollten, wissen wir: viel Gemüse, etwas Obst, reichlich Getreide und in Maßen Proteine (nicht unbedingt nur in Form von Fleisch, zusätzlich eventuell Milchprodukte) – so heißt es etwa in den Richtlinien der Deutschen Gesellschaft für Ernährung (DGE). Und genau so sollte man diese Vorgaben verstehen: als Orientierungspunkte, nicht als starre Empfehlung. Jedes Lebensmittel zu wiegen oder in seine Inhaltsstoffe zu zerlegen, um zu sehen, ob es die »richtige« Menge Kalzium, Fett oder Zucker enthält, ist nicht nur schwer praktikabel, sondern schlichtweg unsinnig – es gibt keine allein gültige »richtige« Empfehlung. Bin ich schon satt? Esse ich aus Langeweile? Habe ich Lust auf Nudeln? Oder braucht eher die Seele anstelle des Magens süßen Zuspruch? Das sind die Fragen, die man sich bei Tisch stellen sollte, statt auf Vorschriften, Kalorientabellen oder eine Tagesbilanz von Nährstoffen zu schielen.

Unser Körper sagt uns im Regelfall, was ihm guttut und was nicht. Wenn wir ihn hören. Der eine merkt ganz richtig, dass er auf Lactose empfindlich reagiert. Ein anderer isst nur glutenfreies Vollkornbrot, weil er gelesen hat, Gluten sei schlecht und Vollkorn gesund. Er macht Gluten für seine Blähungen verantwortlich, die allerdings von zu viel Vollkorn und Rohkost kommen, die er persönlich schlecht verträgt. »Besser Esser« möchte dich ermutigen, wieder mehr dir selbst, deinem Körper und deinen Bedürfnissen zu vertrauen. Verzichte nicht ständig und lass nichts zur starren Regel werden! Iss dich am besten quer durch dieses Buch: heute Rohkost in Form von Salat, morgen Müsli vegetarisch mit Milch und übermorgen das Brot mit veganem Aufstrich anstelle von Käse, normalen Kuchen oder auch eine Glutenfrei-Variante, die gleich mit beim Rezept steht. Was du nicht magst oder verträgst, tausche einfach aus – das geht mit dem Baukasten-Prinzip und den Varianten vieler Rezepte ganz leicht. So isst du jeden Tag ein bisschen besser, ohne Ablenkung, mit Genuss und gutem Gewissen.

Mit unseren Rezepten bekommt jeder grundsätzlich alles, was er braucht. Worauf verzichtet wird, das sind Fertigprodukte. Da steckt wirklich oft, und entgegen jeder Empfehlung, viel zu viel Ungesundes drin. Nicht nur Salz, Zucker oder Fett, sondern auch künstliche Aromamittel, Geschmacksverstärker und Ersatzstoffe – und die irritieren unseren Gaumen, unseren Magen, unsere sogenannte »somatische Intelligenz«. Wir merken nicht mehr, dass wir eigentlich satt sind. Oder gewöhnen uns an zu viel Zucker. Oder ... Aber zugegeben, Convenience-Produkte sind natürlich praktisch. Weshalb es sie auch in diesem Buch gibt: gesunde DIY-Rezepte für den Vorrat, wie etwa Brühe, Salatdressing, Nussmilch oder leckeren Nussaufstrich.

Sei neugierig, probiere aus! Es gibt neue Zutaten und Gerichte zu entdecken. Das können die viel gepriesenen »Superfoods« sein, die den Speisezettel bereichern. Oder selten verwendete Lebensmittel, wie alte Gemüse- oder Getreidesorten, die mindestens genau so super sind. Einfach testen und vergleichen, was einem passt. Und damit es keine angebrochenen, halbvollen Packungen gibt, verwenden wir Buchweizen, Quinoa oder Miso gleich mehrmals. Dazu kann man auch hier munter tauschen und einfach nehmen, was man lieber mag. Entdecke die Vielfalt! Und genieße sie in rundum gesunden Rezepten, die einfach ein bisschen besser sind.

Besser viel *Gemüse: Laut Deutscher Gesellschaft für Ernährung 500 g pro Tag, es dürfen aber ruhig mehr sein. Ein Viertel oder auch gut die Hälfte davon sollte Rohkost, also auch Salat, sein. Mehr Infos dazu auf S. 148, 160.*

Besser ordentlich *Obst: 250 g pro Tag sind eine gute Richtlinie – nicht nur süße und exotische Sorten wie Bananen oder Mangos, sondern auch viel Äpfel, Birnen, Beeren und Zitrusfrüchte. Mehr Infos dazu auf S. 148, 160.*

Besser »Voll-« *nehmen: Brot, Getreide, Nudeln – idealerweise in der Vollkornvariante. So fallen auch 300–400 g Kohlenhydrate täglich nicht unbedingt ins Gewicht. Mehr Infos dazu auf S. 48, 160.*

Besser weniger *Zucker, auf jeden Fall unter den empfohlenen 25 g täglich. Natürliche Quellen sind neben Honig oder Agavendicksaft auch Obst, speziell in getrockneter Form. Mehr Infos dazu auf S. 160, 182.*

Besser auch *Fett, denn ohne geht's nicht: 60–80 g pro Tag (verteilt auf alle Lebensmittel) sollten sein, davon aber möglichst höchstens 15–30 g Fett, das gesättigte Fettsäuren enthält, wie etwa Butter. Mehr Infos dazu auf S. 142.*

Besser mit *Milch und Ei – vor allem für alle, die auf Fleisch und Fisch verzichten. Bereits ¼ l Milch täglich liefert lebenswichtiges Eiweiß, Kalzium und Vitamin B 12, das fast ausschließlich in tierischen Lebensmitteln vorkommt. Mehr Infos dazu auf S. 36.*

Besser einmal *ohne tierische Lebensmittel: Vegane Alternativen für Milchprodukte sind Sojaprodukte, Hülsenfrüchte und reichlich Nüsse. Sie liefern – wie auch die meisten Kohlsorten – essentielles Kalzium. Dieses wird vom Körper besser in Verbindung mit Vitamin D aufgenommen, das neben »guten« Fettsäuren reichlich in Avocados enthalten ist, aber auch in Pilzen, Süßkartoffeln und Datteln. Mehr Infos dazu auf S. 112.*

烏酢
くろ酢
Black Vinegar

EINFACH BESSER KOCHEN

Wer wirklich besser essen will, muss selber kochen: mit vielen frischen, gesunden Zutaten und möglichst praktischen Rezepten. Und wie geht das? Mit brandneuen Ideen für den Herd und die kalte Küche: ob samtige Smoothies, Overnight-Oats, Lunch-Sandwiches oder bunte Burger-Variationen, ob One-Pot-Gerichte, Buddha-Bowls und Rundum-Sattmacher-Salate – so kocht man heute einfach besser!

SMOOTHIES

Rohkost in einfachster Form: Smoothies sind schnell gemixt und somit ideal für alle, die wenig Zeit haben und trotzdem reichlich frisches, buntes Gemüse und Obst zu sich nehmen wollen – in flüssiger Form eben!

Smoothies gibt es inzwischen in jedem Supermarkt, farbenfroh und hübsch aufgereiht stehen sie griffbereit im Regal. Meist bestehen sie zwar wirklich nur aus Frucht, enthalten dadurch aber auf ganz natürliche Weise jede Menge Zucker, Fructose; ein Fläschchen deckt häufig bereits den empfohlenen Tagesbedarf. Wer hier sparen möchte, mischt Obst einfach mit reichlich Gemüse: Je grüner, desto besser, das dimmt den Smoothie zum Low-Carb-Schlankdrink. Wem das aber partout nicht schmeckt, nimmt eben etwas mehr Obst oder süßt den Drink wie optional bei den Rezepten angegeben. Um an möglichst alle Nährstoffe zu kommen, die in Obst und Gemüse enthalten sind, sollte beides möglichst fein zerkleinert werden. Am besten nimmt man dafür einen Hochleistungsmixer, der die Zellwände, in denen die gesunden Nährstoffe stecken, vollständig aufbricht. Den braucht es auch für sehr harte Gemüse wie Möhren, Rote Bete oder Grünkohl, bei denen alle herkömmlichen Mixer oder Pürierstäbe meist bereits schlapp machen: 30 000–40 000 Umdrehungen werden hier schon benötigt. Wer Smoothies to go mag, sollte sich auf jeden Fall eine Transportflasche zulegen, die vor Licht schützt, oder seinen Smoothie gleich nach dem Mixen trinken. Vitamin C oder Folsäure etwa sind extrem luft- und lichtempfindlich und zersetzen sich nach dem Pürieren sehr schnell. Für Abhilfe sorgt hier bedingt die Zugabe von ein wenig Fett in Form von Öl, Joghurt oder Milch. Fett braucht es übrigens auch, um die fettlöslichen Vitamine A, D, E und K für den Körper verwertbar zu machen, daher bei bestimmten Obstsorten unbedingt einen Spritzer Öl in den Smoothie geben.

ROTER SMOOTHIE

Für 2 Gläser (à ca. 300 ml) 1 **Rote Bete** (ca. 100 g) schälen, dazu am besten Einweghandschuhe tragen, die Knolle färbt sehr stark. Wer junge, zarte Rote Bete in Bioqualität bekommt, muss sie nicht schälen, sondern nur unter fließendem kaltem Wasser sauber abbürsten. 1 **Möhre** (ca. 80 g) und 1 Stück **Ingwer** (ca. 20 g) schälen. Vorbereitete Zutaten und 100 g **Ananasfruchtfleisch** in grobe Stücke schneiden. Alles mit 1 TL **Rapsöl** und 400 ml **Wasser** in den Hochleistungsmixer geben und ganz fein pürieren.

V GF LF R

ORANGER SMOOTHIE

Für 2 Gläser (à ca. 300 ml) 2 große Möhren (ca. 180 g) schälen, Bioware nur waschen und putzen. 1 kleinen Fenchel (ca. 160 g) waschen, putzen. Beides in grobe Stücke schneiden. 2 Orangen gründlich schälen, sodass möglichst viel von der weißen, pelzigen Haut entfernt wird. Die Orangen in Stücke schneiden, dabei den Saft auffangen. 7 Trockenaprikosen klein schneiden. Alles mit 1 TL Rapsöl und 400 ml Wasser in den Hochleistungsmixer geben und ganz fein pürieren.

V GF LF R

GELBER SMOOTHIE

Für 2 Gläser (à ca. 300 ml) 1 gelbe Paprikaschote halbieren, putzen, waschen und in grobe Stücke schneiden. 1 Mango (ca. 300 g) schälen und das Fruchtfleisch vom Stein schneiden. 1 Chicorée (ca. 120 g) putzen, längs halbieren und den Strunk keilförmig herausschneiden, die Blätter grob zerkleinern. 1 Stück Kurkuma (ca. 15 g, ersatzweise ½ TL gemahlene Kurkuma) schälen, Bioware einfach nur waschen und gründlich abbürsten. Kurkuma mit 4 Trockenaprikosen klein schneiden. Alles mit 300 ml Wasser in den Hochleistungsmixer geben und ganz fein pürieren.

V GF LF R

BESSER, WEIL

… bei diesen Smoothies Zucker gespart wird. Süßes Obst kommt immer in Kombination mit reichlich Gemüse in den Mixer. Und wenn's wirklich mal richtig süß sein soll, ersetzen Trockenfrüchte Haushaltszucker oder Honig.

SÜSSER SMOOTHIE

Für 2 Gläser (à ca. 300 ml) 60 g Grünkohlblätter sehr gründlich waschen und in ganz grobe Stücke zupfen. 1 gelbe Grapefruit halbieren und den Saft auspressen. 2 (Medjol-)Datteln halbieren und die Kerne entfernen. Alles mit 1 EL Kokosöl und 300 ml Kokoswasser (ersatzweise stilles Wasser oder Leitungswasser) in den Hochleistungsmixer geben und ganz fein pürieren.

V GF LF R

CREMIGER SMOOTHIE

Für 2 Gläser (à ca. 300 ml) 120 g Brokkoli waschen, putzen und klein schneiden (der Stiel kann ruhig auch mit verwendet werden). 1 kleine Banane schälen und in grobe Stücke schneiden. 1 kleine Avocado halbieren, Kern entfernen, das Fruchtfleisch aus der Schale lösen. Alles mit 50 g gefrorenen Preiselbeeren (ersatzweise Johannis- oder Himbeeren), 1 Spritzer Zitronensaft, 1½ EL Ahornsirup und 300 ml Wasser in den Hochleistungsmixer geben und ganz fein pürieren.

V GF LF R

APFELGRÜNER SMOOTHIE

Für 2 Gläser (à ca. 300 ml) 2 grüne **Äpfel** (z. B. Granny Smith) waschen, vierteln, entkernen und grob zerkleinern. 100 g **Feldsalat** waschen und trocken schleudern, putzen und verlesen. 1 großen **Chicorée** putzen, längs halbieren und den Strunk keilförmig herausschneiden, die Blätter grob zerkleinern. 2 **Kiwis** schälen und ebenfalls in grobe Stücke schneiden. Alles mit 2–3 EL **Zitronensaft** und 300 ml **Wasser** in den Hochleistungsmixer geben und ganz fein pürieren.

V GF LF R

SUPERGRÜNER SMOOTHIE

Für 2 Gläser (à ca. 300 ml) 50 g **(Baby-)Blattspinat** putzen, waschen, abtropfen lassen. 10 Stängel **Petersilie** und 2 Blätter **Römersalat** waschen, trocken schütteln und in grobe Stücke schneiden. 1 kleinen **Apfel** waschen und vierteln, nach Belieben das Kerngehäuse entfernen. 1 **Kiwi** schälen, grob würfeln. Alles mit 400 ml **Wasser** in den Hochleistungsmixer geben und ganz fein pürieren. Mit 2 Spritzern **Zitronensaft** abschmecken und nach Belieben mit 2 EL **Agavendicksaft** süßen.

V GF LF R

BESSER, WEIL … es hier grünes Gemüse satt gibt: Grünkohl, Brokkoli oder Feldsalat. Damit zu jeder Jahreszeit so viel wie möglich Gesundes und gerade nur so viel süßes Obst wie nötig ins Glas kommt, damit es nicht nur nach Salat schmeckt.

Sonntagsbrötchen

Am Sonntag gibt's ofenfrische, duftig-luftige Brötchen und keiner muss zum Bäcker gehen. Damit man aber nicht zu früh am Morgen in der eigenen Backstube stehen muss, geht der Teig geruhsam über Nacht.

280 g Buttermilch
3 EL Honig
½ Würfel Hefe (ca. 20 g)
200 g Weizenmehl (Type 550)
200 g Weizenvollkornmehl
4 g Salz
50 g weiche Butter
1 Eigelb (M, nach Belieben)
Außerdem:
Mehl zum Arbeiten

Für 8 Stück
Zubereitungszeit: 25 Min.
(+ 14 Std. Gehen, 20 Min. Backen)
Pro Stück: 255 kcal,
8 g EW, 7 g F, 40 g KH

1 Die Buttermilch mit dem Honig in einem kleinen Topf verrühren und bei geringer Hitze lauwarm werden lassen. Den Topf vom Herd nehmen, die Hefe hineinbröckeln, verrühren und 10 Min. gehen lassen. Inzwischen beide Mehlsorten mit dem Salz in einer Rührschüssel vermischen, die Butter in Flöckchen dazugeben.

2 Den Hefeansatz zur Mehlmischung geben und alles mit den Knethaken des Handrührgeräts (oder in der Küchenmaschine) 4 Min. bei langsamer Stufe, dann 6 Min. bei hoher Stufe verkneten – der Teig sollte am Ende schön weich und geschmeidig sein. Zur Kugel rollen und in eine bemehlte Schüssel geben.

3 Wer es eilig hat, deckt die Teigschüssel gleich mit Klarsichtfolie ab und stellt sie für 12 Std. in den Kühlschrank. Wer für besonders luftige Brötchen etwas mehr Zeit investieren möchte, legt ein Küchentuch über die Schüssel und lässt den Teig noch 30 Min. an einem warmen Ort gehen. Dann den Teig in der Schüssel mehrmals übereinanderschlagen und weitere 30 Min. gehen lassen. Anschließend den Teig erneut übereinanderschlagen, die Schüssel jetzt mit der Folie abdecken und 12 Std. in den Kühlschrank stellen.

4 Am nächsten Tag den Teig auf der bemehlten Arbeitsfläche gut durchkneten und 8 runde Brötchen daraus formen. Auf ein mit Backpapier ausgelegtes Blech legen, mit dem Küchentuch abdecken und an einem warmen Ort 45–60 Min. gehen lassen.

5 Backofen auf 200° vorheizen, dabei auf dem Ofenboden ein mit Wasser gefülltes tiefes Blech mit erhitzen. Die Brötchen nach Belieben mit verquirltem Eigelb bestreichen, dann in den Ofen schieben (Mitte, Umluft nicht empfehlenswert), das Blech mit dem Wasser entfernen. Die Brötchen in 15–20 Min. goldbraun backen. Herausnehmen und auf einem Kuchengitter abkühlen lassen.

LUST AUF BURGER-BUNS?
Die Brötchen lassen sich ohne Aufwand zu Burger-Buns umwandeln, dafür den Teig mit nur 1 TL Honig zubereiten und die Brötchen etwas flacher formen. Die gegangenen Teiglinge dann nicht mit Eigelb, sondern mit 3 EL Milch bestreichen und mit Sesamsamen bestreuen.

DIY

SCHOKO-NUSS-CREME BESSER SELBER MACHEN

Du liebst Schoko-Nuss-Creme auf dem Brot? In der gekauften stecken oft gerade einmal 10 % Nüsse, dafür zwei Drittel Zucker und ein Drittel Fett. Lust vergangen? Dann am besten zur Homemade-Variante greifen!

DAS BRAUCHT'S FÜR 1 GLAS (CA. 230 ML):
200 g Haselnüsse | 50 g Zartbitterschokolade (mindestens 70 % Kakao, nach Belieben Roh-Schokolade) | ½ Vanilleschote | 1 Prise (Meer-)Salz | 3 Msp. Zimtpulver | 2 EL Honig oder Ahornsirup | 1–2 TL Mandel- oder Kokosöl

1 Den Backofen auf 180° vorheizen. Die Haselnüsse auf ein Backblech geben und im Ofen (Mitte) 8–10 Min. rösten, bis sie gebräunt sind, duften und die braune Haut aufplatzt. Aus dem Ofen nehmen und auf ein Küchentuch geben. Kurz abkühlen lassen, dann das Tuch wie einen Beutel um die Nüsse legen (Bild 1) und sie darin fest gegeneinanderreiben – so lassen sich die Häute am besten ablösen.

2 Die Schokolade fein hacken, in eine kleine Schüssel geben und bei geringer Hitze über dem Wasserbad schmelzen. Vanilleschote längs aufschlitzen und das Mark herauskratzen.

3 Die gehäuteten Nüsse mit dem Salz in der Küchenmaschine oder im Hochleistungsmixer zu einer cremigen Masse pürieren: Zuerst werden die Nüsse nach und nach fein zerkleinert (Bild 2), dann beginnen sie sich zu verbinden (Bild 3) und am Ende, wenn ihr Fett austritt, entsteht ein cremiges Mus.

4 Dann das Vanillemark, das Zimtpulver, den Honig oder Ahornsirup und löffelweise die geschmolzene Schokolade unter das Nussmus rühren. Zuletzt so viel Mandel- oder Kokosöl unterarbeiten, dass die Masse schön cremig und streichfähig wird (Bild 4).

HEUTE MAL NUR NUSSMUS?
Auf die oben beschriebene Art lässt sich auch pures Nussmus einfach selbst herstellen. Dafür Mandeln (nach Belieben ebenfalls geröstet) oder Cashewnüsse oder auch Kürbiskerne in der Küchenmaschine oder im Mixer mit etwas Salz zu einer cremigen Masse pürieren. Nach Wunsch süßen und als Brotaufstrich verwenden oder ungesüßt als Grundlage für Dips, Dressings, Saucen und vielem mehr.

1 *Mithilfe eines Küchentuchs lassen sich die Nusshäute ganz einfach lösen.*

2 *Die Nüsse fein zerkleinern, dabei immer wieder Pausen einlegen, damit das Mahlwerk nicht heiß läuft.*

3 *Die Nussmasse immer wieder mit einem Löffel nach unten schieben.*

4 *Die übrigen Zutaten nach und nach unter das Nussmus arbeiten, bis eine streichfähige Schoko-Nuss-Creme entstanden ist. Ein perfekter Brotaufstrich!*

DIY

CASHEWKÄSE
BESSER SELBER MACHEN

Lust auf einen herzhaften Brotbelag? Wie wär's da mit einer veganen Käsealternative: Frischkäse aus Cashewnüssen oder auch die gereifte Variante, die einfach nur etwas mehr Zeit braucht.

DAS BRAUCHT'S FÜR CA. 250 G KÄSE:
200 g Cashewnüsse (eventuell Nussbruch) | 100 ml Brottrunk (aus Reformhaus oder Bioladen) | 2 TL Hefeflocken | ½ TL Kräuter der Provence | ¼ TL gemahlene Kurkuma | 2 Msp. edelsüßes Paprikapulver | Salz | Pfeffer | 1 kleine Knoblauchzehe (nach Belieben) | 1 Prise Zucker

1 Die Nüsse mit ¼ l kaltem Wasser in eine Schüssel geben und mindestens 4 Std. (oder über Nacht, höchstens aber 12 Std.) einweichen, dabei die Schüssel mit einem Teller abdecken. Dann die Nüsse in ein Sieb abgießen und kalt abbrausen.

2 Die Nüsse mit knapp 80 ml Brottrunk in der Küchenmaschine fein pürieren, dabei nach und nach den übrigen Brottrunk dazugeben, bis eine fein-cremige, aber möglichst nicht zu feuchte Masse entstanden ist (Bild 1). Dabei die Nussmasse anfangs immer wieder von den Wänden des Mixbehälters herunterschieben, damit alles gleichmäßig püriert wird – zum Schluss sollten keine Nussstücke mehr zu sehen sein.

3 Die Masse in ein Mulltuch oder einen Nussmilchbeutel (siehe S. 34) geben und möglichst viel überschüssige Flüssigkeit herauspressen (Bild 2). Die Masse in eine Schüssel füllen und Hefeflocken, Kräuter, Gewürze und kräftig Salz und Pfeffer dazugeben. Nach Belieben den Knoblauch schälen und dazupressen. Alles gründlich unter die Käsemasse rühren. Wer mag, kann sie jetzt schon als Frischkäse verwenden (Bild 3).

4 Wer den Käse reifen lassen möchte, mischt jetzt noch die Prise Zucker unter die Käsemasse – diese unterstützt die Reifung. Die Käsemasse im Mulltuch oder Nussmilchbeutel in ein Sieb legen und über einer Schüssel rund 5 Std. abtropfen lassen (Bild 4).

5 Dann die Käsemasse in eine mit Klarsichtfolie ausgelegte Form (Keramik- oder Plastikschale) geben und glatt und fest hineindrücken, mit einem Küchentuch abdecken. Die Käsemasse an einem warmen Ort (20–25°) 24–38 Std. reifen und fester werden lassen, dann aus der Form stürzen und die Folie abziehen (Bild 5). Anschließend den Käse im Kühlschrank aufbewahren, wo er nochmals fester wird.

1 *Die Nussmasse sollte cremig, eher luftig weich sein – und keinesfalls zu feucht.*

2 *Je mehr Flüssigkeit aus der Käsemasse gepresst wird, desto fester wird später der fertige Nusskäse.*

3 *Zwischenstand: Streichfest und mit einer leicht säuerlichen Note – der perfekte Frischkäse fürs Brot.*

4 *Anfangs tropft noch relativ viel Flüssigkeit aus dem Käse.*

5 *Die Schale verleiht dem Käse seine Form und dank der eingelegten Folie lässt er sich ganz leicht herauslösen. Der fertige Käse ist jetzt schön kräftig und lässt sich auch gut schneiden.*

BROTAUFSTRICHE

Dreimal in Orange, aber dennoch jedes Mal vollkommen anders – und immer richtig gesund: ohne viel Fett, mal nicht auf Sojabasis und zudem schön cremig, würzig. Da freut sich nicht nur das Brot …

Wer Alternativen zu Wurst oder zu Käse sucht, wird zwar in Reformhaus und Bioladen reichlich fündig, diese Aufstriche sind aber häufig auf Soja- oder Hefebasis und enthalten ordentlich Fett – alles, um sie schön streichfähig zu machen. Außerdem macht das Gemüse, das im Namen vieler Produkte genannt wird, nur einen kleinen Prozentsatz des Inhalts aus. Darum am besten seine Brotcreme selber machen und dabei vor allem zu Gemüse greifen. Bestimmte stärkereiche Gemüsesorten wie Möhren, Süßkartoffeln, Kürbis oder Erbsen, aber auch Hülsenfrüchte sind als Grundlage für die Aufstriche ideal, weil sie sich gegart schön weich zermusen lassen und streichfähig werden – ohne Zugabe von viel Fett. Andere Gemüsesorten wie etwa Paprikaschoten brauchen einen »Weich- und Streichmacher« – hier zum Beispiel in Form von Nüssen, die das nötige und zudem gesunde Fett liefern.

Alle Aufstriche eignen sich nicht nur als Brotbelag, sondern auch als Dip für Rohkost oder als Creme zu einer Bowl mit Gemüse. Im Schraubglas halten sie sich im Kühlschrank problemlos mindestens 2–3 Tage.

WÜRZIGE LINSENCREME

Für 1 Glas (ca. 230 ml) 1 kleine **Zwiebel** schälen und in kleine Würfel schneiden. 1½ EL **Kokosöl** in einem Topf erhitzen und darin die Zwiebel bei geringer Hitze langsam goldgelb andünsten. 1 EL **Tomatenmark,** 100 g rote **Linsen,** 1 TL gemahlenen **Kreuzkümmel** und 200 ml **Gemüsebrühe** dazugeben und alles zugedeckt 20–25 Min. garen, bis die Linsen schön weich sind. Vom Herd nehmen und 1 EL **Instant-Polenta** unterrühren. Mit **Salz** und **Pfeffer** würzen, mit einer Gabel verrühren und nicht zu fein zermusen. Wer will, mischt noch 1 EL gehackte **Petersilie** oder **Koriandergrün** unter.

V GF LF

JEDEN-TAG-MUHAMMARA

Für 1 Glas (ca. 230 ml) 1 Knoblauchzehe schälen und in Scheiben schneiden. 2 rote Spitzpaprikaschoten (350 g) halbieren, putzen, waschen und in 2 cm große Stücke schneiden. 1 Scheibe Vollkorntoast toasten und in kleine Stücke zupfen. In einer Pfanne 30 g Walnusskerne anrösten, herausnehmen und die Pfanne auswischen. 2 EL Olivenöl in die Pfanne geben und darin die Paprikastücke bei starker Hitze anbraten – sie sollen ruhig dunkle Flecken bekommen. Den Knoblauch dazugeben und kurz mitbraten. Mit Salz und Pfeffer würzen und mit 100 ml Wasser ablöschen. Alles offen bei mittlerer Hitze in 10–15 Min. weich garen, dabei immer wieder etwas Wasser dazugeben. Am Ende sollte die Paprika weich und das Wasser verdunstet sein. Leicht abkühlen lassen und mit Walnüssen, Toast, 1 TL gemahlenem Kreuzkümmel, 1 EL getrockneten Sauerkirschen oder Cranberrys, 1 EL Zitronensaft und nach Belieben 1–2 EL Olivenöl grob pürieren. Mit Salz und Pfeffer abschmecken.

V LF

MÖHREN-MISO-CREME

Für 1 Glas (ca. 230 ml) 300 g Möhren schälen, längs vierteln und in kleine Stücke schneiden. 1 Stück Ingwer (1–2 cm) schälen und fein hacken. 1 EL Olivenöl in einem kleinen Topf erhitzen, darin die Möhren andünsten. Den Ingwer dazugeben und kurz mitdünsten, mit Salz und Pfeffer würzen. Mit 100 ml Gemüsebrühe und dem Saft von 1 Orange ablöschen und alles zugedeckt 12–15 Min. bei mittlerer Hitze garen – die Möhren sollen schön weich sein. Möhren abgießen und die Garflüssigkeit auffangen, 4 EL davon abnehmen und mit 1½ EL (Genmai-) Misopaste glatt verrühren. Möhren mit 50 g Cashewnüssen und der Misobrühe zu einer streichfähigen Creme pürieren, dabei eventuell noch ein wenig Brühe dazugeben. Mit Salz und Pfeffer abschmecken. Nach Belieben mit gehacktem Dill bestreut servieren.

V GF LF

BESSER, WEIL

… hier Gemüse und Hülsenfrüchte ganz oben auf der Zutatenliste stehen. Fett gibt es nur in sehr geringen Mengen in Form von Nüssen und gesundem Kokos- oder Olivenöl. Und Dickungsmittel und Aromaverstärker müssen leider draußen bleiben.

KNUSPER-GRANOLA

Jede Menge gesunde Saaten sorgen hier für Biss. Und schön crunchy wird das Ganze – nur mit wenig Ahornsirup gesüßt – im Backofen. Das schlägt jedes zuckrige Fertigmüsli!

100 g Haselnüsse
180 g Dinkelflocken
25 g Sonnenblumenkerne
25 g Leinsamen
25 g Sesamsamen
25 g Kokosraspel
½ TL Zimtpulver
3 Msp. Ingwerpulver
5 EL Ahornsirup
3 EL Sonnenblumenöl

Für 8 Portionen
Zubereitungszeit: 20 Min. (+ 25 Min. Backen, ohne Auskühlzeit)
Pro Portion: 280 kcal, 6 g EW, 18 g F, 23 g KH

V LF

1 Den Backofen auf 180° vorheizen. Die Haselnüsse in grobe Stücke hacken (oder sogar nur halbieren oder dritteln) und in eine Schüssel geben. Dinkelflocken, Sonnenblumenkerne, Leinsamen, Sesam, Kokosraspel und die Gewürze dazugeben, locker vermischen. Dann den Ahornsirup und das Öl dazugeben und alles mit einem Löffel oder mit den Fingern gut vermengen – es sollte eine klebrige, zusammenhängende Mischung entstehen.

2 Die Müslimischung auf ein mit Backpapier ausgelegtes Backblech geben und gleichmäßig über die ganze Blechbreite möglichst flach verteilen. Im Ofen (Mitte) 20–25 Min. backen, bis alles dunkel gebräunt ist. Dabei eventuell ab und zu mal umrühren, da die Mischung am Rand oft schneller bräunt als in der Mitte.

3 Das Blech aus dem Ofen nehmen und das Granola darauf vollständig auskühlen lassen. Wer das Granola lieber etwas feiner mag und nicht so grobstückig, sollte es in dieser Zeit nochmals kräftig durchrühren. Anschließend in ein luftdicht verschließbares Glas füllen und möglichst an einem kühlen, dunklen Ort aufbewahren. Haltbarkeit: ca. 2 Monate.

VARIANTE: MÜSLI AM STÜCK

Keine Zeit fürs Frühstück? Dann sind Müsli-Bars für unterwegs genau das Richtige. Dafür Haselnüsse, Dinkelflocken, Sonnblumenkerne und Samen (siehe Granola) auf einem Blech im 180° heißen Backofen (Mitte) 12–15 Min. rösten, bis alles duftet und die Nüsse gebräunt sind. Herausnehmen und abkühlen lassen. Inzwischen 180 g weiche Datteln (ohne Stein) grob schneiden und im Blitzhacker zu einer zähen Masse zerkleinern. 60 g Soft-Trockenaprikosen klein schneiden und mit der Flockenmischung, der Dattelmasse, ½ TL Zimtpulver, 3 Msp. gemahlenem Ingwer und 1 Prise Salz in eine Schüssel geben. 80 g Ahornsirup oder Honig mit 50 g Haselnuss- oder Mandelmus in einem Topf unter Rühren erhitzen, bis eine homogene, flüssige Masse entstanden ist. Zur Müslimischung geben und alles gut verrühren und zusammendrücken. Eine rechteckige Form mit Klarsichtfolie so auslegen, dass die Folie an den Seiten übersteht. Müslimasse in die Form füllen und schön glatt hineindrücken. Die überstehende Folie über die Masse legen, eventuell zum Beschweren ein Brett darauflegen und andrücken. Die Müslimasse vollständig auskühlen lassen, dann in Riegel schneiden und luftdicht verpackt aufbewahren. Haltbarkeit: ca. 2 Wochen.

SUPERFOODS SIND SUPER

ABER FÜR WEN?

BESSER WISSER

BEEREN AUFS MÜSLI? ICH NEHME LIEBER SUPERFOOD-TOPPING: CHIA-SAMEN, GOJIBEEREN UND ACAI-PULVER.

Hört sich toll an, aber teuer. Die meisten Superfoods kosten doch ordentlich Geld. Da legt man für ein paar Gojibeeren schnell doppelt bis dreimal so viel hin wie für dieselbe Menge Rosinen, selbst wenn die in Bio-Qualität sind.

GESUNDHEIT GIBT ES NICHT GANZ UMSONST, ODER?

Aber sind all die sogenannten Superfoods wirklich so viel gesünder? In Deutschland darf ja, im Gegensatz zu den USA, für Produkte nicht mit ihrer Heilwirkung geworben werden. Dafür findet man in Zeitschriften oder im Internet jede Menge spektakuläre Infos zu diesen Lebensmitteln, die sich aber häufig mit der Werbung vom Hersteller mischen. Inwieweit diese Aussagen auf seriösen wissenschaftlichen Studien beruhen, ist dabei oft nicht nachvollziehbar. Ob Acai schlank macht, bleibt also fraglich.

... oder exotische Gojis?

Lieber hiesige Heidelbeeren ...

HABEN SUPERFOODS NICHT VIELE GESUNDE INHALTSSTOFFE?

Sie wirken wie fast alle Lebensmittel nicht als Arzneiersatz bei akuten Krankheiten. Aber sie haben trotzdem gesunde Inhaltsstoffe, wie Vitamine, Mineralstoffe oder sekundäre Pflanzenstoffe, und sie können wie viele andere Lebensmittel vorbeugend helfen, insgesamt gesünder zu bleiben.

HABEN SUPERFOODS ABER NICHT MEHR GESUNDE INHALTSSTOFFE ALS ANDERE LEBENSMITTEL?

So werden Superfoods zumindest häufig definiert: dass sie eine überdurchschnittlich hohe Nährstoffdichte haben. Aber wer legt das fest? Die Acai-Beeren etwa verdanken ihre dunkle Farbe den sogenannten Anthocyanen. Das sind bestimmte, für die violette Farbe verantwortliche sekundäre Pflanzenstoffe, die antioxidativ wirken. Aber Heidel-, Johannis- oder Holunderbeeren, oder sogar Rotkohl, stehen ihnen darin kaum nach und können auch bei den anderen enthaltenen Nährstoffen locker mithalten. Jede spanische Zitrone schlägt den viel gepriesenen Vitamin-C-Gehalt von Gojibeeren aus dem fernen Tibet.

HABEN SUPERFOODS NUR DEN EXOTENBONUS?

Zumindest wird damit oft ihr Preis gerechtfertigt. Fast alle Superfoods kommen von sehr weit her, gelten als rar oder gerade erst neu entdeckt. Man muss doch zugeben, dass es einfach hipper wirkt, relativ geschmacklosen Chia-Pudding zu löffeln, anstatt Omas Leinsamen ins Müsli zu rühren – obwohl der ganz ähnliche Quelleigenschaften hat und fast ebenso viele gesunde Fettsäuren wie das Andenkorn besitzt.

LIEBER SUPERFOODS AUS DEUTSCHEN LANDEN FRISCH AUF DEN TISCH?

Wenn man die Wahl hat, sicher: Nimm Weizengras, das hier gewachsen ist, und lass importiertes Pulver stehen. Wir haben den Luxus, alles in Hülle und Fülle zu bekommen, was wir brauchen, um rundum gesund und super drauf zu sein. Klingt vielleicht ein wenig hausbacken, aber warum nicht Buchweizen und Hirse anstatt Quinoa? Die sind ebenfalls glutenfrei, eiweißreich und voller Nährstoffe. Wir sollten möglicherweise den Bolivianern besser ihre Powerkörner lassen. Viele können sich dort nämlich ihr ehemals täglich Korn selbst kaum mehr leisten, seit es bei uns so unglaublich »in« ist.

SOLLTEN WIR BESSER MEHR HIESIGE SUPERFOODS NUTZEN?

Dafür spricht viel: Allein durch die viel kürzeren Transportwege haben schwarze Johannisbeeren im Sommer garantiert eine bessere Ökobilanz als Acai-Pulver. Heidelbeeren bekommt man frisch, Acai-Beeren müssen in den Herkunftsländern für ihre Reise verarbeitet werden. Dabei gehen schon eine ganze Menge Inhaltsstoffe verloren. Häufig weiß man auch nicht, wie die Pflanzen in ihren Herkunftsländern angebaut und behandelt werden.

UND EXOTISCHE SUPERFOODS?

Sie mal auszuprobieren und hin und wieder zu verwenden, ist sicher kein Problem. Bei den Rezepten hier im Buch kann man gut den Vergleich machen und sehen, was einem passt, und dann auch mal austauschen. Aber: Das beste Superfood nützt nichts, wenn ständig Schnitzel und Pommes in den Mund geschoben und nebenher Gojibeeren übers Müsli gestreut werden.

SUPER-SMOOTHIE-BOWL

Mal nicht zum Trinken, sondern zum Löffeln, aber ebenfalls voll aromareicher Zutaten: Smoothie-Bowls sind die perfekte Low-Carb-Alternative zu Müsli & Co. Und Knusper gibt's noch obendrauf.

Für den Smoothie:
2 große Grünkohlblätter (ca. 150 g)
Grün von 1 Bund Radieschen (ersatzweise 2 Handvoll Blattspinat)
1 vollreife (Hass-)Avocado
1 kleine Mango
4 (Medjol-)Datteln
200 ml Mandelmilch (ersatzweise Wasser)

Für das Topping:
125 g Himbeeren
2 EL Mandeln und Cashewnüsse
1 EL (Gold-)Leinsamen
1 EL Sonnenblumenkerne
2 EL Kokoschips

Für 2 Personen
Zubereitungszeit: 10 Min.
Pro Portion: 660 kcal, 11 g EW, 44 g F, 53 g KH

V GF LF R

1 Den Grünkohl gründlich waschen und trocken schütteln. Die Stiele und die dicken Rippen herausschneiden und in kleine Stücke schneiden, die Blätter kleiner zupfen. Radieschengrün waschen, trocken schütteln und verlesen.

2 Die Avocado halbieren, den Kern entfernen und das Fruchtfleisch mit einem Löffel aus den Schalen lösen. Die Mango schälen und das Fruchtfleisch vom Kern schneiden. Die Datteln halbieren und die Kerne entfernen. Alles mit der Mandelmilch in den Hochleistungsmixer geben und ganz fein pürieren. Den Smoothie-Brei auf Schalen verteilen.

3 Die Himbeeren verlesen und nur falls nötig vorsichtig waschen und trocken tupfen. Auf den Smoothie-Brei geben. Die Mandeln und Cashewnüsse grob hacken und mit Leinsamen, Sonnenblumenkernen und den Kokoschips bunt darüberstreuen oder linienförmig darauf verteilen. Zum Essen alles leicht vermischen und sofort genießen.

IMMER WIEDER MAL ANDERS?
Sowohl bei dem Smoothie-Brei als auch bei dem Topping kann man nach Lust und Laune immer wieder neu variieren. Anstelle von Grünkohl und Radieschenblättern passt jede Form von frischem Grün: etwa Salat- oder Mangoldblätter, aber auch Möhrengrün oder Kohlrabiblätter. Als Kontrast zum cremigen Smoothie nimmt man idealerweise Knuspriges zum Aufstreuen. Das können Müsli oder Granola sein, Nüsse aller Art und die unterschiedlichsten Samen von Kürbiskernen bis Sesam. Wer auf Superfoods steht, kann auch mal Chia-Samen oder Gojibeeren nehmen.

BESSER, WEIL
… Frühstück ruhig auch mal low carb sein darf. Statt Getreideflocken bilden hier vitaminreiches Gemüse und Obst die Grundlage. Und dank reichlich Saaten, Nüssen und Kokoschips obendrauf, wird man trotzdem angenehm satt.

SOMMER-FRÜCHTEMÜSLI

70 g Buchweizenflocken
2 EL geschälte Hanfsamen
¼ l Milch
5 Aprikosen
125 g Johannisbeeren
2 EL Mandelblättchen
⅓ Vanilleschote
3 EL Ahornsirup
250 g griechischer Naturjoghurt
Minzeblättchen zum Garnieren (nach Belieben)

Für 2 Personen
Zubereitungszeit: 10 Min.
Pro Portion: 710 kcal,
17 g EW, 25 g F, 95 g KH

GF

1 Die Buchweizenflocken, die Hanfsamen und die Milch auf Schalen verteilen und gut verrühren. Die Aprikosen waschen und das Fruchtfleisch in Spalten vom Stein schneiden. Die Johannisbeeren vorsichtig waschen, trocken tupfen und von den Stielen streifen. Mit den Aprikosen mischen.

2 Die Mandelblättchen in einer Pfanne goldbraun rösten, bis sie duften. Die Vanilleschote längs aufschlitzen und das Mark herauskratzen. Vanillemark und die Hälfte des Ahornsirups gründlich mit dem Joghurt verrühren.

3 Den Joghurt auf die Flockenmischung geben, darauf vorsichtig die Früchte verteilen. Mit den Mandelblättchen bestreuen und dem übrigen Ahornsirup beträufeln. Wer will, dekoriert das Müsli noch mit Minzeblättchen.

GUT VORBEREITET

Wer es in der Früh meistens eilig hat, kann das Müsli bereits am Abend vorher zubereiten, dabei statt in Schalen in Schraubgläser füllen und verschließen, die Minze weglassen. Das Müsli über Nacht im Kühlschrank durchziehen lassen, dann am nächsten Morgen gleich löffeln oder auch mit ins Büro nehmen und dort essen.

WARMER WINTER-PORRIDGE

1 Den Apfel waschen, vierteln, entkernen und in kleine Würfel schneiden. Milch in einen Topf geben und aufkochen. Hirseflocken, Leinsamen, Rosinen, Salz und das Zimtpulver oder Lebkuchengewürz einrühren, die Apfelwürfelchen ebenfalls dazugeben.

2 Alles bei ganz geringer Hitze 10 Min. garen, dabei ein- bis zweimal umrühren und prüfen, ob noch genug Flüssigkeit im Topf ist, damit der Porridge nicht anbrennt – gegebenenfalls etwas Wasser oder auch noch ein wenig Milch dazugeben.

3 Inzwischen die Banane schälen, in dicke Scheiben schneiden und mit dem Zitronensaft mischen. Fertigen Porridge auf Schälchen verteilen, die Banane daraufgeben und nach Belieben mit dem Honig beträufeln.

BESSER-ESSER-TIPP
Soll der Porridge lactosefrei und vegan sein, die Milch einfach durch Getreide- oder Nussmilch (sehr fein: Haselnussmilch) ersetzen, den Honig durch Ahornsirup. Wer nicht unbedingt glutenfrei essen möchte, kann statt Hirseflocken (Kleinblatt-)Haferflocken nehmen.

1 Apfel
¼ l Milch
60 g Hirseflocken
1 EL (geschroteter) Leinsamen
1 EL Rosinen
1 Prise Salz
¼ TL Zimtpulver oder Lebkuchengewürz
1 Banane
2 Spritzer Zitronensaft
2 TL Honig (nach Belieben)

Für 2 Personen
Zubereitungszeit: 15 Min.
Pro Portion: 365 kcal, 10 g EW, 8 g F, 62 g KH

GF

BIRCHER-OVERNIGHT-OATS

2 Äpfel
1½ EL Zitronensaft
¼ TL Zimtpulver
3 EL geschroteter Leinsamen
2 EL Rosinen
90 g Dinkel- oder Haferflocken (Kleinblatt)
400 ml Haselnussmilch
2 EL Haselnussblättchen
1-2 EL Ahornsirup (nach Belieben)

Für 2 Personen
Zubereitungszeit: 10 Min. (+ 12 Std. Ruhen)
Pro Portion: 575 kcal, 15 g EW, 22 g F, 73 g KH

V LF

1 Die Äpfel vierteln, schälen, entkernen und grob raspeln. Sofort mit dem Zitronensaft und dem Zimtpulver mischen, in zwei Schraubgläser (à 500 ml) füllen und mit einem Löffel am Boden festdrücken.

2 Dann nacheinander die Leinsamen, die Rosinen und die Flocken auf die Äpfel schichten. Mit der Haselnussmilch begießen. Die Gläser verschließen und alles im Kühlschrank 12 Std. (über Nacht) ruhen und durchziehen lassen.

3 Am nächsten Tag die Bircher-Flockenmasse mit den Haselnussblättchen bestreuen und nach Belieben noch mit Ahornsirup beträufeln. Nun die Gläser wieder verschließen – so sind die Overnight-Oats mitnahmebereit. Zum Essen das Ganze gut durchmischen und eventuell in Schälchen füllen.

BESSER-ESSER-TIPP

Für eine nicht vegan- und lactosefreie Variante anstelle der Haselnussmilch 350 ml Kuhmilch nehmen. Wer möchte, kann dann außerdem noch unter das fertig angerührte Müsli 1–2 EL Sahnejoghurt mischen.

GESCHICHTETER CHIA-PUDDING

1 Die Vanilleschote längs aufschlitzen und das Mark herauskratzen. Vanillemark mit Chia-Samen und Mandelmilch in ein großes Schraubglas geben und gut verrühren, verschließen. In den nächsten 2 Std. mehrmals durchrühren, damit sich keine zähen Chia-Klumpen bilden, dann 10 Std. (am besten über Nacht) im Kühlschrank ruhen und durchziehen lassen.

2 Am nächsten Tag die Himbeeren und Heidelbeeren verlesen und nur falls nötig vorsichtig waschen und trocken tupfen. Jede Beerensorte getrennt mit der Gabel gut zerdrücken oder mit dem Stabmixer pürieren.

3 Chia-Pudding mit Agavendicksaft nach Belieben mehr oder weniger süßen, den Pudding dritteln. Unter eine Portion ein Drittel des Himbeer- und Heidelbeerpürees rühren, unter eine der anderen Portionen das übrige Himbeerpüree, unter die andere das übrige Heidelbeerpüree mischen. Die drei unterschiedlich farbigen Puddinge in zwei Gläser schichten.

4 Mandelblättchen in einer Pfanne anrösten, abkühlen lassen. Gemischte Beeren verlesen und vorsichtig waschen und trocken tupfen, dann falls nötig noch kleiner schneiden und auf den Pudding geben. Mit den Mandelblättchen bestreuen.

GRIFF IN DEN VORRAT
Wer Himbeeren und Heidelbeeren im Tiefkühlfach hat, kann auch die verwenden: jeweils in ein Schälchen geben und zugedeckt über Nacht auftauen lassen. Dann wie im Rezept beschrieben verarbeiten.

¼ Vanilleschote
2 geh. EL Chia-Samen
¼ l Mandelmilch
125 g Himbeeren
125 g Heidelbeeren
2–3 EL Agavendicksaft
2 EL Mandelblättchen
125 g gemischte Beeren (z. B. Erdbeeren, Himbeeren, Heidelbeeren)

Für 2 Personen
Zubereitungszeit: 15 Min. (+ 12 Std. Ruhen)
Pro Portion: 370 kcal, 6 g EW, 12 g F, 56 g KH

V GF LF

DIY

NUSSMILCH
BESSER SELBER MACHEN

Im Tetrapack kaufen und immer im Vorrat haben, wunderbar. Garantiert feiner schmeckt aber selbst gemachte Nussmilch – die lässt sich auch immer wieder neu variieren.

DAS BRAUCHT'S FÜR CA. 1 L MANDELMILCH:
200 g Mandeln | 1 Prise (Meer-)Salz

1 Die Mandeln in eine Schüssel geben, mit reichlich Wasser begießen (ca. ½ l) und zugedeckt über Nacht einweichen (Bild 1). Am nächsten Tag die Mandeln in ein Sieb abgießen und gut abbrausen, abtropfen lassen (Bild 2).

2 Die Mandeln mit 1 l Wasser (möglichst kalkfrei) und dem Salz im Hochleistungsmixer (falls vorhanden auf der Nuss-Milch-Stufe) kräftig durchmixen. Anschließend die Nussmischung durch ein feines Sieb gießen, das mit einem Mulltuch ausgelegt wurde, und die Nussmilch auffangen. Nach Belieben den Vorgang noch ein- oder zweimal wiederholen. Haltbarkeit: im Kühlschrank 1–2 Tage. Oder aber die cremige Milch ungefiltert lassen und sofort trinken.

EINE GROSSE HILFE: NUSSMILCHBEUTEL
Wer häufig Nussmilch selber macht, sollte sich einen Nussmilchbeutel zulegen, mit dem sich die Nussmasse bequem sehr gut filtern und auswringen lässt (Bild 3). Die Milch hält dann gut gekühlt sogar 3–5 Tage.

VARIATION MIT ANDEREN NÜSSEN?
Nach diesem Grundrezept lassen sich alle möglichen Nusssorten wie Haselnüsse, Macadamianüsse, Cashewnüsse, Walnüsse, Erdnüsse oder auch Pistazien verarbeiten.

VARIANTEN ZUM SOFORTTRINKEN
Für eine spanische Mandelmilch 5 Datteln (ohne Stein), ½ TL Zimtpulver, 1 Prise (Meer-)Salz und Mark von ½ Vanilleschote mitpürieren. Für eine Schokomilch Haselnüsse anstelle der Mandeln nehmen und 3 EL Honig, 2 EL rohes Kakaopulver und 3 Msp. gemahlenen Kardamom mitpürieren. Für eine Gold-Milch 1 Stück Kurkuma (ca. 40 g, ersatzweise 1 TL gemahlene Kurkuma), 1 Stück Ingwer (ca. 25 g), 3 EL Honig und ¼ TL Zimtpulver mitpürieren.

1 *Die Mandeln quellen über Nacht deutlich auf, also unbedingt auf ausreichend Wasser in der Schüssel achten!*

2 *Das Einweichwasser nicht verwenden, sondern weggießen.*

3 *Bequem und effektiv lassen sich Mandeln in einem Nussmilchbeutel filtern.*

4 *Die gefilterte Mandelmilch zum Aufbewahren in eine große Schraubflasche (gründlich gesäubert!) füllen. Die ungefilterte Milch sofort trinken.*

DIE MILCH MACHT'S! ODER AUCH NICHT

BESSER WISSER

BESSER KEINE MILCH IN DEN KAFFEE, ICH HABE DANACH MAGENDRÜCKEN – EIN ZEICHEN FÜR LACTOSEINTOLERANZ?

Wenn man sich sicher sein will, kann das bei einem Arzt recht zweifelsfrei getestet werden. Aber: Gerade einmal nur 15 Prozent aller Deutschen sind tatsächlich lactoseintolerant.

ABER WARUM VERTRAGEN MANCHE MENSCHEN DANN KEINE MILCH?

Um Lactose, also Milchzucker, aufspalten zu können, brauchen wir ein bestimmtes Enzym, die Lactase. Sie wird von unserem Körper eigentlich nur so lange produziert, wie wir Muttermilch als Nahrung brauchen, also Säuglinge sind, eigentlich nicht mehr im Erwachsenenalter. Dass wir in Europa trotzdem meist problemlos Milch trinken können, verdanken wir einer Mutation in einer mehrere Jahrtausende dauernden Entwicklungsgeschichte. Ganz anders in Asien oder Afrika, dort fehlt über 90 Prozent der erwachsenen Menschen dieses hilfreiche Enzym. Sie reagieren bei Genuss von Milch mit den typischen Symptomen wie Durchfall, Völlegefühl, Blähungen.

ALSO BESSER LACTOSEFREIE MILCH NEHMEN? DA IST TROTZDEM NOCH ALLES GUTE DRIN, WAS IN MILCH STECKT, ODER?

Aber wesentlich teurer als bei normaler Milch, obwohl der meist nur Lactase chemisch zugefügt wird. Bei einer leicht »sensiblen« Reaktion am besten herkömmliche Milch trinken, allerdings nur in kleinen Mengen – also ruhig auch mal im Kaffee. Verzichtet man ganz darauf, riskiert man, Milch langfristig noch weniger verdauen zu können. Besser den Körper mit kleinen Mengen trainieren und häufig Sauermilchprodukte wie Joghurt, Buttermilch und Kefir essen. Deren Milchsäurebakterien helfen dem Darm bei seiner Arbeit und machen somit auch Milch verträglicher.

ABER MILCH IST DOCH SO GESUND – SAGT DOCH AUCH DIESER ALTE WERBESLOGAN …

Milch hat einiges zu bieten: Dem Baby dient Muttermilch als Schutz vor Infektion. Das leistet, wie man heute weiß, später bei Erwachsenen auch Kuhmilch, allerdings nur in Form von Rohmilch. Sobald sie verarbeitet, pasteurisiert ist, geht das meiste an Immunstoffen verloren. Wenn man also nicht auf dem Bauernhof lebt, stehen die Karten diesbezüglich eher schlecht. Aber trotzdem steckt in Kuhmilch viel Gutes: Sie liefert Eiweiß, zahlreiche Vitamine und vor allem Kalzium, das für den Aufbau und Erhalt von Knochen, Zähnen und Muskeln hilfreich ist.

Sojamilch enthält fast so viel Eiweiß, weniger Kalzium, dafür viermal so viel Folsäure wie Kuhmilch (allerdings: viel mehr Menschen in Europa reagieren allergisch auf Soja als auf Milch).

STICHWORT OSTEOPOROSE – MILCH SCHÜTZT ABER DOCH VOR BRÜCHIGEN KNOCHEN?

Neueste Studien aus Schweden stellen das leider in Frage und kommen sogar zu dem Ergebnis, das ein Zuviel an Milch sogar zu erhöhtem Knochenbruchrisiko führt. Allerdings müsste man dann mehr als drei Gläser täglich trinken. Dabei reicht eigentlich schon eines, um den Kalziumbedarf zur Hälfte zu decken.

ALSO BESSER SOJAMILCH TRINKEN?

Wenn man Kaffee damit mag, klar. Aber es gibt noch eine ganze Menge anderer pflanzlicher Milchalternativen, die in großer Bandbreite meist direkt neben der normalen Milch im Supermarkt stehen. Und – um den Kalziumbedarf zu decken – reichlich Nüsse, Samen, dunkelgrüne Gemüsesorten wie Spinat, Brokkoli, viele andere Kohlsorten und vor allem Grünkohl essen. Einfach ausprobieren oder abwechseln: mal Kuhmilchjoghurt zum Frühstück, mal Nussmilch in das Müsli. Und den Kaffee ruhig mit einem Schluck ganz normaler Milch trinken, wenn er so am besten schmeckt.

Nussmilch enthält weniger Eiweiß und Kalzium als Kuhmilch und mehr Fett (allerdings viele gesunde ungesättigte Fettsäuren).

Getreidemilch enthält kaum Eiweiß, Kalzium und Vitamine, ist dafür aber fett- und allergenarm (allerdings steckt in allen – außer in Reis- und Sojamilch – Gluten).

PANCAKES MIT ORANGEN-KOMPOTT

Genau das Richtige am Sonntagmorgen: Fluffige Pfannkuchen, die mit Buchweizenmehl besonders intensiv schmecken. Wer's weniger herzhaft mag und auf »glutenfrei« verzichtet, nimmt Weizenvollkorn- oder Dinkelmehl und etwas mehr Mandelmilch.

Für die Pancakes:
1 EL Leinsamenmehl
1 große Möhre (ca. 100 g)
5 (Medjol-)Datteln
1 EL Kokosöl
¼ l Mandelmilch
1 TL Apfelessig
125 g Buchweizenmehl
1 Prise Salz
1 TL Backpulver
½ TL Zimtpulver
Sonnenblumenöl zum Braten

Für das Kompott:
4 Orangen
1 Stange Zimt
3 EL Ahornsirup

Außerdem:
Ahornsirup zum Beträufeln (nach Belieben)

Für 2 Personen
Zubereitungszeit: 45 Min.
Pro Portion: 580 kcal, 14 g EW, 11 g F, 103 g KH

V GF LF

1 Für das Kompott 1 Orange halbieren und den Saft auspressen. Von den übrigen Orangen mit einem scharfen Messer die Schale so abschneiden, dass die weiße Haut mit entfernt wird. Die Orangen in Scheiben schneiden und diese halbieren, dabei alle Kerne entfernen.

2 Den Orangensaft mit der Zimtstange und dem Ahornsirup in einen Topf geben und aufkochen. Bei mittlerer Hitze in 5 Min. leicht einkochen lassen. Dann die Orangenstücke unterrühren und weitere 3–5 Min. bei geringer Hitze sanft köcheln lassen. Das Kompott vom Herd nehmen und abkühlen lassen.

3 Zwischendurch für die Pancakes aus Leinsamenmehl und 6 EL Wasser ein »Leinsamenei« herstellen (siehe Tipp). Die Möhre schälen und fein raspeln. Die Datteln längs vierteln, entsteinen und in möglichst kleine Stückchen schneiden. Das Kokosöl in einer kleinen Pfanne schmelzen. Mandelmilch mit Apfelessig verrühren.

4 Buchweizenmehl, Salz, Backpulver und Zimt in einer Schüssel mischen. Mandelmilch und Leinsamenei dazugeben und alles mit einem Schneebesen zu einem glatten Teig verrühren. Dann das flüssige Kokosöl, Möhrenraspel und Datteln unterrühren.

5 In einer großen beschichteten Pfanne reichlich Sonnenblumenöl (2–3 mm hoch) erhitzen. Die Hälfte des Teigs in 4 Häufchen hineingeben und zügig zu kleinen, flachen Pancakes verstreichen. Bei mittlerer bis starker Hitze braten, bis die Oberfläche fest und die Unterseite schön gebräunt ist. Wenden und auf der anderen Seite braun backen.

6 Fertige Pancakes auf Küchenpapier entfetten und nach Wunsch im 90° warmen Backofen warm halten. Aus dem restlichen Teig weitere 4 Pancakes backen. Die warmen Pancakes mit dem Orangenkompott servieren, nach Belieben noch den Ahornsirup darüberträufeln.

DER PERFEKTE EIERERSATZ: »LEINSAMENEI«
Damit Teigzutaten sich richtig gut verbinden, braucht es normalerweise Eier. Veganer können stattdessen pro Ei etwa 1 EL Leinsamenmehl mit 4–6 EL kaltem Wasser mit einem kleinen Schneebesen verquirlen. 5–10 Min. quellen lassen und dann wie ein Ei verwenden.

OMELETT MIT ROTE-BETE-BLÄTTERN

4 Eier (M)
Salz | Pfeffer
frisch geriebene Muskatnuss
200 g Rote-Bete-Blätter
(von 2–3 Knollen)
1 kleine Knoblauchzehe
2 EL Olivenöl
2 EL frisch geriebener Emmentaler
(nach Belieben)

Für 2 Personen
Zubereitungszeit: 20 Min.
Pro Portion: 280 kcal,
16 g EW, 23 g F, 3 g KH

GF

1 Die Eier leicht verquirlen und mit Salz, Pfeffer und Muskatnuss würzen. Die Rote-Bete-Blätter waschen und trocken schütteln, die Stängel entfernen und die Blätter quer in dünne Streifen schneiden. Den Knoblauch schälen und fein würfeln.

2 In einer kleinen Pfanne 1 EL Öl erhitzen und darin den Knoblauch andünsten. Rote-Bete-Blätter hineingeben und bei starker Hitze zusammenfallen lassen, salzen, pfeffern und aus der Pfanne nehmen.

3 Die Pfanne auswischen und das restliche Öl darin erhitzen. Die Eier hineingeben und bei mittlerer Hitze braten. Dabei mit einem Holzlöffel immer wieder von links nach rechts und von oben nach unten zusammenschieben, bis die Masse fest zu werden beginnt.

4 Dann die Rote-Bete-Blätter daraufgeben und nach Belieben mit dem Käse bestreuen. Das Omelett von einer Seite her über die Blätter klappen und so lange braten, bis die Eiermasse fest ist. Omelett halbieren und auf Teller verteilen.

SCRAMBLED TOFU MIT PAPRIKA

1 Den Tofu mit Küchenpapier gut trocken tupfen. Dann nach Möglichkeit ein großes Brett darauflegen und mit einigen Konservendosen beschweren. Den Tofu so ca. 15 Min. pressen und ruhen lassen, damit er möglichst viel Flüssigkeit verliert.

2 Die Paprikaschote halbieren, putzen, waschen und quer in schmale Streifen schneiden. Die Frühlingszwiebeln waschen und putzen, die weißen und grünen Teile getrennt in feine Ringe schneiden. Tofu mit einer Gabel in kleine Stücke zerkrümeln.

3 In einer beschichteten Pfanne das Olivenöl erhitzen. Darin die weißen Zwiebelringe und die Paprikastreifen unter Rühren bei mittlerer Hitze in ca. 5 Min. gar braten, salzen, pfeffern. Den Tofu dazugeben, mit Salz, Pfeffer und Kurkuma würzen, 1–2 Min. unter Rühren braten.

4 Dann Tamari und Brühe mischen und in die Pfanne geben. Alles unter Rühren weitere 3–5 Min. braten, bis der Tofu leicht bräunt und die Flüssigkeit aufgesogen ist. Den Tofu mit den grünen Zwiebelringen bestreuen und servieren – am besten mit getoastetem Brot.

200 g fester Tofu
1 rote Spitzpaprikaschote
2 Frühlingszwiebeln
2 EL Olivenöl
Salz | Pfeffer
¼ TL gemahlene Kurkuma
1 EL Tamari (glutenfreie Sojasauce)
5 EL Gemüsebrühe

Für 2 Personen
Zubereitungszeit: 15 Min.
(+ 15 Min. Ruhen)
Pro Portion: 225 kcal,
12 g EW, 17 g F, 8 g KH

V LF

BÁNH MÌ MIT GRILLTOFU

Knusprig gebackenes Baguette mit einem Belag voller asiatischer Aromen, das Beste aus beiden Kulturen in einem Sandwich vereint – ein Erbe aus der französischen Kolonialzeit in Vietnam.

Für das Pickles-Gemüse:
1 Möhre | 6 Radieschen
1 Stück Salatgurke (ca. 150 g)
1 Stück Ingwer (ca. 2 cm)
1 TL brauner Zucker
1⅓ TL Salz | ¼ TL Chiliflocken
4 EL Reis- oder Weißweinessig

Für den Grilltofu:
1 Stange Zitronengras
½ Knoblauchzehe
2 EL Olivenöl
2 EL Tamari (glutenfreie Sojasauce)
Saft von ½ Limette
200 g fester Tofu

Für die Tofunaise:
½ Knoblauchzehe
5 EL Korianderblättchen
150 g Seidentofu
3 EL Olivenöl | 1 EL Limettensaft
Salz | Pfeffer

Außerdem:
2 Baguettebrötchen
1 EL Korianderblättchen zum Bestreuen (nach Belieben)

Für 2 Personen
Zubereitungszeit: 35 Min. (+ 2 Std. Ruhen)
Pro Portion: 350 kcal, 10 g EW, 12 g F, 55 g KH

V LF

1 Für das Pickles-Gemüse Möhre schälen und in feine Streifen (Julienne) hobeln oder schneiden. Die Radieschen putzen, waschen und in dünne Scheiben oder feine Streifen schneiden. Salatgurke waschen, längs halbieren und die Kerne in der Mitte herauskratzen. Die Gurkenhälfte wie die Möhre in feine Streifen schneiden. Den Ingwer schälen und fein würfeln. Alles mit Zucker, Salz, Chiliflocken und Essig in eine Schüssel geben und mit den Händen leicht verkneten. Abgedeckt mindestens 2 Std. (ideal sogar über Nacht) im Kühlschrank ruhen und durchziehen lassen.

2 Für den Grilltofu das Zitronengras waschen, putzen und so viel vom oberen Teil wegschneiden, dass ein ca. 10 cm langes, dickes Stück übrig bleibt. Dieses längs vierteln und fein hacken. Den Knoblauch schälen und durchpressen. Beides mit 1 EL Olivenöl, Tamari und Limettensaft in einem Gefrierbeutel mischen. Den Tofu zwischen Küchenpapier gut ausdrücken und trocken tupfen. Tofu quer in knapp 1 cm breite Scheiben schneiden, in den Gefrierbeutel geben und in der Marinade wenden, Beutel verschließen. Tofu mindestens 1 Std. (oder über Nacht) ruhen und durchziehen lassen, dabei eventuell einige Male wenden.

3 Dann für die Tofunaise den Knoblauch schälen und in einen hohen Mixbecher pressen. Koriander, Seitentofu, Olivenöl und Limettensaft dazugeben und alles mit dem Stabmixer zu einer dicken Creme pürieren. Mit Salz und Pfeffer würzen. Baguettebrötchen aufschneiden und die unteren Hälften dick mit Tofunaise bestreichen.

4 Den Tofu aus der Marinade nehmen und etwas trocken tupfen. Übriges Olivenöl in einer beschichteten (Grill-)Pfanne erhitzen. Tofu darin auf beiden Seiten jeweils 3–5 Min. braten, bis er an den Rändern dunkel bräunt oder »Grillrillen« bekommt. Aus der Pfanne nehmen und auf die bestrichenen Brötchenhälften legen, restliche Tofunaise darauf verteilen, dann reichlich Pickles-Gemüse daraufhäufen. Mit Korianderblättchen bestreuen, Brötchendeckel auflegen und die Bàhn Mì servieren.

DIY

SANDWICH BAUEN
BESSER SELBER MACHEN

Auf Brot verzichten? Keinesfalls! Üppig und gesund belegte Sandwiches sind der rundum sattmachende Lunchbox-Star, bestes Abendbrot und Ersatz einer ganzen Mahlzeit für Kochunwillige. Noch Fragen?

Wer bei Sandwiches nur an lappigen Toast denkt, wird hier eines Besseren belehrt. Denn saftiges Mehrkornbrot, Baguette- oder Vollkornbrötchen eignen sich genauso gut, und Sandwichtoast wird vorab geröstet. Anstelle von – ganz klassisch – Mayo oder Senf passen viele Cremes, dickflüssige Dressings, Dips oder Brotaufstriche, aber auch zerdrückte Avocados oder Frischkäse. Guter Käse darauf ist prima, wenn es schnell gehen muss und nichts anderes im Haus, ansonsten gibt es viele Belag-Alternativen (Anregungen siehe unten). Dann noch Sprossen, Kresse, Salat, Gurke und Tomate obendrauf – fertig ist das Super-Sandwich. Wer will, baut doppel- oder dreistöckig, dazu immer dasselbe Schichtprinzip wie rechts angegeben wiederholen, ansonsten gleich reinbeißen.

Eiersandwich »New Style«: 1 Brötchen halbieren und beide Hälften mit Senf bestreichen. Mit der Hälfte des Rote-Bete-Blätter-Omeletts (siehe S. 40) und eventuell 1 Scheibe Bergkäse bestücken, dann noch mit ein paar Tomatenscheiben und Zwiebelringen ergänzen.

Orient-Fladenbrot: ¼ Fladenbrot aufschneiden und die untere Hälfte dick, die obere dünn mit Muhammara (siehe S. 23) bestreichen. In Scheiben geschnittenen Schafskäse (Feta) oder abgekühlte Ofen-Falafeln (siehe S. 52) hineinpacken, mit 1 guten Handvoll Baby-Blattspinat und 1 kleinen geraspelten Möhre vollenden.

Summertime-Sandwich: 2 Scheiben gerösteten Vollkorntoast großzügig mit Linsencreme (siehe S. 22) oder Hummus (siehe S. 145) bestreichen. Mit reichlich Sommer-Ofengemüse (siehe Variante S. 114), Rucola, Basilikum und Tomatenscheiben belegen. Voilà!

Picknick-Sandwich: Das Fruchtfleisch von ½ Avocado mit der Gabel grob zerdrücken, mit Salz, Pfeffer und 1 TL Zitronensaft mischen und auf 1 Scheibe Vollkornbrot verteilen. Darauf 2 Scheiben Emmentaler und/oder abgekühlte gebratene Pilze (siehe S. 125) geben, dann mit 1 guten Handvoll Sprossen und ein paar Tomatenscheiben krönen. 1 Scheibe Vollkornbrot mit Senf bestreichen und darauflegen. Das Sandwich leicht zusammendrücken, fertig.

6 Eine zweite Scheibe Brot bildet das Dach. Vorab mit der Mayonnaise oder Creme bestreichen, dann gut festdrücken und mit einem Holzstäbchen fixieren.
5 Mayonnaise oder eine andere Creme würzen nicht nur Gemüse und Salat, sondern verschaffen der oberen Brotscheibe Halt.
4 Frisches Gemüse, Salat und Sprossen sind im oberen Stockwerk allerbestens aufgehoben.
3 Räuchertofu, Grillgemüse oder Käse bilden genauso gut den sättigenden »Mittelbau«, wo normalerweise gegartes Fleisch oder Wurst geschichtet wird.
2 Mayonnaise oder Senf schaffen – ganz klassisch – die Verbindung zum Belag.
1 Die Basis bildet 1 Scheibe festes Brot oder gerösteter (Vollkorn-)Toast.

ZIEGENKÄSE-PORTOBELLO-BAGUETTE

2 Vollkornbaguettebrötchen
1 großer Zweig Rosmarin
150 g cremiger Ziegenfrischkäse
70 g junger Blattspinat
1 Knoblauchzehe
4 Portobello-Pilze (ca. 300 g, ersatzweise große Champignons)
2 EL Olivenöl
Salz | Pfeffer
100 ml Gemüsebrühe
2 EL Aceto balsamico
1 TL Honig

Für 2 Personen
Zubereitungszeit: 30 Min.
Pro Portion: 555 kcal,
23 g EW, 28 g F, 48 g KH

1 Die Brötchen aufschneiden. Rosmarin waschen und trocken schütteln, die Blättchen abzupfen, fein hacken und mit dem Ziegenfrischkäse vermischen. Die unteren Brötchenhälften mit dem Käse bestreichen. Den Spinat waschen, verlesen und trocken schleudern.

2 Den Knoblauch schälen und halbieren. Die Pilze putzen, Stiele entfernen. Das Öl in einer beschichteten Pfanne erhitzen. Darin die Pilze auf der gerundeten Hutseite anbraten, Knoblauch dazugeben. Pilze salzen, pfeffern und wenden, dabei kräftig in der Pfanne drücken.

3 Die Pilze mit der Brühe ablöschen, 1 EL Aceto balsamico und den Honig einrühren. Die Flüssigkeit bei starker Hitze einkochen lassen und die Pilze schön weich garen, dabei mehrmals wenden. Die Pfanne vom Herd ziehen, Pilze herausnehmen, auf Küchenpapier legen und damit gut ausdrücken.

4 Übrigen Essig in die Pfanne geben und den Spinat ganz kurz darin wenden, salzen und pfeffern. Die Hälfte des Spinats auf dem Ziegenkäse verteilen, lauwarme Pilze darauflegen und mit dem restlichen Spinat belegen. Obere Brötchenhälfte auflegen, leicht andrücken und die Baguettes noch warm genießen.

AUBERGINEN-MOZZARELLA-FLADENBROT

1 Den Mozzarella trocken tupfen und in dünne Scheiben schneiden. Vom Rucola die groben Stiele abschneiden, dann die Blätter waschen und trocken schleudern. Auberginen waschen, putzen und längs in ca. 6 mm dicke Scheiben schneiden. Knoblauch schälen. Thymian abbrausen und trocken schütteln, die Blättchen abzupfen und fein hacken.

2 In einer großen beschichteten Pfanne 2 EL Öl erhitzen. Auberginen hineingeben, salzen, pfeffern und bei starker Hitze auf beiden Seiten goldbraun braten, dabei vor dem Wenden übriges Öl dazugeben und den Knoblauch dazupressen. Dann 50 ml Wasser dazugeben und verdampfen lassen. Mit einer Gabel die Flüssigkeit immer wieder aus den Auberginen drücken, bis die Scheiben weich gegart sind, dann aus der Pfanne nehmen.

3 Zitronensaft, Tahin, Thymian und 50 ml Wasser in die Pfanne geben und zu einer dicklichen Sauce einkochen lassen, mit Salz und Chilisauce würzen. Auberginen darin wenden, sodass sie leicht mit der Sauce überzogen sind.

4 Das Fladenbrotstück halbieren und jede Hälfte aufschneiden, dabei nicht ganz durchschneiden. Die Auberginen auf den unteren Brothälften verteilen, Rucola und Mozzarella daraufgeben und die oberen Brothälften darüberklappen.

1 Kugel Mozzarella (125 g)
1 Bund Rucola (ca. 50 g)
2 kleine Auberginen
1 Knoblauchzehe
2 Zweige Thymian
2 ½ EL Olivenöl
Salz | Pfeffer
3 EL Zitronensaft
1 EL Tahin (Sesammus)
2 Spritzer Chilisauce (z. B. Sriracha)
½ Fladenbrot

Für 2 Personen
Zubereitungszeit: 20 Min.
Pro Portion: 700 kcal,
28 g EW, 33 g F, 74 g KH

DÜMMER ALS BROT

SCHLAUER OHNE?

BESSER WISSER

BAGUETTE ZUM SALAT? BESSER NICHT, BROT ENTHÄLT DOCH GLUTEN UND DAS MACHT DICK. ICH ESSE IM MOMENT LOW CARB.

Da kommt etwas durcheinander: Gluten oder Klebereiweiß ist in allen wesentlichen »Brot-Getreiden« enthalten. Es besteht tatsächlich aus Proteinen und Kohlenhydraten, und es verschafft Teigen ihre besondere Konsistenz: Brot kann porig aufgehen, der Teig hält zusammen und es entsteht eine knusprige Kruste. Ohne Gluten gäbe es nur flache, krümelige Fladen. Aber auch in glutenfreien Getreiden und daraus hergestellten Produkten stecken Kohlenhydrate. Einfach mal die Packungsangaben vergleichen: Das meiste glutenfreie Gebäck kommt auf fast dieselbe Menge Kohlenhydrate wie das mit Gluten.

ICH HABE ABER DAS GEFÜHL, DASS ICH GLUTEN SCHLECHT VERTRAGE …

Wie macht sich das denn bemerkbar? Eigentlich lässt sich bei nicht mal 1 Prozent aller Deutschen eine wirkliche Glutenunverträglichkeit nachweisen: Sie leiden an Zöliakie, einer durch Gluten ausgelösten schweren Darmentzündung mit unterschiedlichsten Symptomen wie etwa schweren Bauchschmerzen und Übelkeit bis hin zu Kopf- und Gliederschmerzen. Die Betroffenen müssen wirklich komplett auf Gluten verzichten, um den Darm nicht nachhaltig zu schädigen.

NA JA, ES IST NICHT GANZ SO SCHLIMM, ABER NACH PASTA ODER WEIZENBROT FÜHLE ICH MICH OFT UNWOHL, BEI REIS UND DINKELBRÖTCHEN NICHT.

Hier ist sich die Wissenschaft tatsächlich nicht einig: Manche Menschen scheinen auf Getreide, speziell auf Weizen, »sensibel« zu reagieren. Für diese Beschwerden machen einige Wissenschaftler aber nicht das Klebereiweiß im Weizen verantwortlich, sondern andere Eiweiße: die sogenannten Amylase-Trypsin-Inhibitioren (ATI). Diese dienen Getreide als natürliche Insektenabwehr und sind heutigen Sorten vermehrt »angezüchtet« – um mehr Ertrag zu erreichen.

Getreide mit Gluten: Weizen, Roggen, Gerste (von oben nach unten)

Glutenfreies Getreide: Mais, Hirse, Buchweizen, Teffflocken (von links nach rechts), außerdem Hafer, Reis, Quinoa, Amaranth

ALSO BESSER KEINEN WEIZEN MEHR?

Muss nicht unbedingt sein. Es einfach mal mit »alten«, nicht ganz so hochgezüchteten Weizensorten wie etwa Dinkel probieren. Den vertragen viele Leute scheinbar besser. Andere alternative Weizensorten sind Emmer, Einkorn oder Kamut, ein ursprünglich aus dem Iran stammendes altes Getreide, das auch Khorasan-Weizen genannt wird. Gibt es alles im Bioladen oder Reformhaus, auch als Mehl oder Flocken.

SIND DENN DANN AUCH ROGGENBRÖTCHEN BESSER ALS WEIZENBROT?

Ausprobieren. Andere Theorien machen nämlich weder Gluten noch die ATI für Beschwerden nach dem Essen von Getreide verantwortlich, sondern bestimmte Kohlenhydrate (fermentierbare Oligo-, Di- und Monosaccharide) und Polyole – zusammen schlicht FODMAP genannt. Diese kommen aber nicht nur in Getreide wie Weizen oder Roggen vor, sondern in unzähligen Lebensmitteln, etwa in vielen Obstsorten, in Hülsenfrüchten, Honig oder auch Milchprodukten. Dazu gibt es schon endlose Listen. Um festzustellen, was man eventuell schlecht verträgt, gibt es bisher aber leider keinen anderen Rat als das klassische Ausschlussverfahren: Also weglassen und schauen, ob es besser geht.

AUSSCHLUSSVERFAHREN – KLINGT KOMPLIZIERT.

Zumindest zeitaufwendig und sehr spaßfrei, wenn man auf alle gelisteten Lebensmittel verzichten wollte. Inwieweit sich ATI oder FODMAP bei empfindlichen Menschen bemerkbar machen, ist derzeit noch recht unklar. Ein schwacher Trost: Die Beschwerden werden zwar als unangenehm, aber nicht als lebensbedrohlich eingestuft. Die gefährliche Zöliakie oder eine klassische Weizenallergie lassen sich beim Arzt mittels Test einfach und eindeutig ausschließen.

DANN IST ES ALSO AUCH NICHT ERWIESEN, DASS WEIZEN DUMM UND KRANK MACHT?

Nein, eher im Gegenteil. Viele derartige Thesen basieren auf zweifelhaften Auswertungen, Verallgemeinerungen und fragwürdigen Fehlschlüssen. Dafür ist es sicher nicht besonders schlau, ohne wirkliche Not auf Weizen oder Getreideprodukte zu verzichten. Nicht zuletzt weil der glutenfreie Kuchen meistens doch nicht so wie das Original schmeckt. So nutzen auch viele teure Glutenfrei-Lebensmittel eher dem Geldbeutel ihrer Hersteller als der eigenen Gesundheit.

PITATASCHEN MIT RÖST-KICHERERBSEN

Falafeln und reichlich Salat in der Brottasche – das schmeckt super und ist fast schon ein Veggie-Klassiker. Mindestens genauso gut ist unsere Variante mit schlanken, gerösteten Kichererbsen, wie man sie in Indien als Knabberei liebt.

1 Dose Kichererbsen (ca. 240 g Abtropfgewicht)
1 Knoblauchzehe
1½ EL Oliven- oder Kokosöl
1½ TL gemahlener Kreuzkümmel
⅓ TL gemahlener Koriander
2–3 Msp. Chilipulver
Salz | Pfeffer
2 EL Naturjoghurt
1½ EL Tahin (Sesammus)
3 EL Zitronensaft
1 Bio-Mini-Gurke
2 Tomaten
4–5 Blätter Römersalat
2 Pitataschen (Fertigprodukt)

Für 2 Personen
Zubereitungszeit: 15 Min. (+ 30 Min. Backen)
Pro Portion: 465 kcal, 16 g EW, 19 g F, 53 g KH

1 Den Backofen auf 200° vorheizen, ein Backblech mit Backpapier auslegen. Kichererbsen in ein Sieb abgießen, kalt abbrausen und abtropfen lassen. Knoblauch schälen und durchpressen. Die Hälfte des Knoblauchs mit Öl, 1 TL Kreuzkümmel, Koriander, Chilipulver und den Kichererbsen mischen, kräftig salzen und pfeffern und auf dem Blech verteilen. Im Ofen (Mitte) 20–30 Min backen, bis die Erbsen außen leicht knusprig werden (sie sollen innen aber noch weich sein), dabei mehrmals durchrühren.

2 Dann die Kichererbsen aus dem Ofen nehmen und leicht abkühlen lassen. Inzwischen den übrigen Knoblauch mit Joghurt, Tahin, Zitronensaft und 6 EL Wasser verrühren, mit restlichem Kreuzkümmel, Salz und Pfeffer würzen. Die Gurke waschen, längs halbieren und in dünne Scheiben schneiden. Die Tomaten waschen und ebenfalls in Scheiben schneiden, dabei die Stielansätze entfernen. Die Salatblätter waschen, trocken schleudern und quer in dünne Streifen schneiden.

3 Pitataschen aufklappen. Salat, Tomaten und Gurke mit der Tahinsauce mischen, eventuell mit Salz und Pfeffer abschmecken, dann in die Taschen füllen. Darauf die noch warmen Kichererbsen verteilen. Gefüllte Pitataschen gleich essen.

BESSER, WEIL

… statt in reichlich Fett frittierte Kichererbsenbällchen hier geröstete Kichererbsen einfach schlanker machen. Alternativ passen natürlich auch die low fat Ofen-Falafeln oder die Rote-Bete-Bohnen-Bällchen von S. 52/53!

OFEN-FALAFELN

1 EL Leinsamenmehl
1 Dose Kichererbsen (ca. 240 g Abtropfgewicht)
4 Frühlingszwiebeln
1 Knoblauchzehe
je 20 g Koriandergrün und Petersilie
1½ TL gemahlener Kreuzkümmel
2 Msp. Chilipulver
Saft von ½ Zitrone
1 EL Tahin (Sesammus)
Salz | Pfeffer
1 EL Olivenöl

Für 2 Personen
Zubereitungszeit: 20 Min. (+ 30 Min. Backen)
Pro Portion: 240 kcal, 10 g EW, 13 g F, 16 g KH

V GF LF

1 Den Backofen auf 220° vorheizen, ein Backblech mit Backpapier auslegen. Leinsamenmehl für ein »Leinsamenei« (siehe S. 38) mit 6–8 EL Wasser glatt verrühren, 10 Min. ruhen lassen. Die Kichererbsen in ein Sieb abgießen und gut abtropfen lassen, dabei das Einweichwasser auffangen.

2 Inzwischen Frühlingszwiebeln waschen, putzen und mit dem dunklen Grün in feine Ringe schneiden. Knoblauch schälen und grob hacken. Koriandergrün und Petersilie abbrausen, trocken schütteln und mit den Stängeln grob schneiden. Alles mit den Kichererbsen, den Gewürzen, Zitronensaft und Tahin im Blitzhacker oder in der Küchenmaschine nicht zu fein pürieren. Falls die Mischung zu trocken ist, noch etwas Einweichwassser dazugeben.

3 Das Leinsamenei gründlich unterrühren und die Kichererbsenmasse mit Salz und Pfeffer würzen. Aus der Masse 12 gleich große Bällchen formen, auf das Blech legen und rundherum mit dem Olivenöl bepinseln. Im Ofen (Mitte) in 25–30 Min. goldbraun backen, dabei zwischendurch ein- bis zweimal wenden. Am besten – ganz klassisch – mit reichlich Salat und Joghurtsauce servieren. Oder die Falafeln einmal anstelle der Röst-Kichererbsen von S. 50 in die Pitataschen packen.

ROTE-BETE-BOHNEN-BÄLLCHEN

1 Das Leinsamenmehl für ein »Leinsamenei« (siehe S. 38) mit 6–8 EL Wasser glatt verrühren, 10 Min. ruhen lassen. Bohnen in ein Sieb abgießen, kalt abbrausen und abtropfen lassen.

2 Inzwischen die Rote Bete waschen, schälen und auf der Rohkostreibe oder in der Küchenmaschine fein raspeln. Knoblauch schälen, grob zerkleinern und mit den Walnüssen in der Küchenmaschine nicht zu fein mahlen, herausnehmen.

3 Anschließend die Bohnen in der Küchenmaschine pürieren. Rund die Hälfte der Rote Bete dazugeben und mitpürieren. Das Püree in eine Schüssel geben und mit übrigen Beteraspeln, Kichererbsenmehl, Leinsamenei, Thymian und Kreuzkümmel vermengen. Die Masse kräftig mit Salz und Pfeffer würzen, dann abgedeckt 30 Min. kühl stellen und ruhen lassen.

4 Den Backofen auf 220° vorheizen, ein Backblech mit Backpapier auslegen. Aus der Bete-Bohnen-Masse 10 gleich große Bällchen formen, auf das Blech legen und rundherum mit dem Olivenöl bepinseln. Im Ofen (Mitte, Umluft nicht empfehlenswert) in 35–40 Min. knusprig und leicht braun backen, dabei zwischendurch ein- bis zweimal wenden. Diese Bällchen passen wie Falafeln perfekt zu Salat und einem Dip. Sehr fein machen sie sich aber auch als Topping auf einer Bowl.

1 EL Leinsamenmehl
1 Dose Kidneybohnen (ca. 240 g Abtropfgewicht)
1 Rote Bete (ca. 200 g)
1 Knoblauchzehe
30 g Walnusskerne
3 EL Kichererbsenmehl
1 TL getrockneter Thymian
1½ TL gemahlener Kreuzkümmel
Salz | Pfeffer
2 EL Olivenöl

Für 2 Personen
Zubereitungszeit: 20 Min.
(+ 30 Min. Ruhen, 40 Min. Backen)
Pro Portion: 420 kcal,
17 g EW, 22 g F, 39 g KH

V LF

TACOS

MIT PAPRIKA-MAIS-FÜLLUNG

Viva México: Tolle Rollen, in denen alles steckt, was satt macht und lecker ist. Die Mais-Tortillafladen sind ausnahmsweise fertig gekauft, wer will kann auch welche aus Weizen nehmen.

je 1 große rote und grüne Paprikaschote
1 rote Zwiebel
1 Knoblauchzehe
1 grüne Chilischote
2 EL Olivenöl
1 EL Tomatenmark
1 TL Chili-Gewürzmischung
1 Dose Maiskörner (ca. 140 g Abtropfgewicht)
Salz | Pfeffer
4 Mais-Tortillafladen (Fertigprodukt)
8 Blätter Römersalat
1 kleine Tomate
2 Frühlingszwiebeln
1 vollreife (Hass-)Avocado
3 EL Limettensaft
½ TL gemahlener Kreuzkümmel
3 EL Korianderblättchen

Für 2 Personen
Zubereitungszeit: 30 Min.
Pro Portion: 785 kcal, 17 g EW, 39 g F, 86 g KH

V LF

1 Die Paprikaschoten halbieren, putzen, waschen und in ca. 1 cm große Würfel schneiden. Die Zwiebel und den Knoblauch schälen und fein würfeln. Die Chilischote halbieren, entkernen, waschen und in feine Streifen schneiden.

2 Das Olivenöl in einer Pfanne erhitzen. Darin Zwiebel und Knoblauch goldgelb andünsten, Paprikawürfel und Chilistreifen dazugeben und unter Rühren kurz mitbraten. Tomatenmark und Chilipulver einrühren, kurz anrösten, dann den Mais samt Einweichwasser dazugeben. Salzen, pfeffern und bei mittlerer Hitze in 10–12 Min. sämig einkochen lassen.

3 Inzwischen die Tortillafladen nach Packungsanweisung im Backofen erhitzen. Salatblätter waschen, trocken tupfen und in grobe Stücke zupfen oder breite Streifen schneiden. Tomate waschen, halbieren, entkernen und in Würfelchen schneiden. Frühlingszwiebeln waschen und putzen, das Grün in feine Ringe schneiden, den weißen Teil in kleine Stückchen.

4 Avocado halbieren, den Kern entfernen und das Fruchtfleisch mit einem Löffel aus den Schalen lösen. Sofort mit dem Limettensaft in eine Schüssel geben und mit einer Gabel nicht zu fein zerdrücken, dabei gut im Limettensaft wenden. Den weißen Teil der Frühlingszwiebeln mit der Tomate unters Avocadomus heben. Mit Salz, Pfeffer und Kreuzkümmel würzen.

5 Die Tortillafladen aus dem Ofen nehmen. Den Salat in einem Längsstreifen in der Mitte der Fladen verteilen. Paprika-Mais-Gemüse daraufgeben und mit den grünen Zwiebelringen und dem Koriandergrün bestreuen. Jeweils etwas Avocadomus dazugeben und die Fladen von einer Seite her aufrollen.

DIY

BURGER BAUEN BESSER SELBER MACHEN

Burger sind in, im Moment geht ohne sie gar nichts. Zum Glück lassen sie sich ganz einfach selber machen, auch ohne Hacksteak. Perfekt also für alle, die kein Fleisch mögen und keinen Foodtruck direkt vor dem Haus haben.

Burger kann man prima nach einem ganz simplen Baukastensystem immer neu zusammenstellen: Grundlage sind meist Buns, die typischen Burger-Brötchen, am besten selbst gemachte (siehe S. 16), sonst fertig gekaufte. Als Alternative zu den weichen, amerikanischen Buns passen aber auch mal knusprige Vollkorn-Alternativen vom Bäcker. Dazu das Patty – original ein Hacksteak, hier vegetarische oder vegane Alternativen (siehe unten) – nach Lust und Laune auswählen, ebenso eine passende Würzsauce und/oder einfach Ketchup und Mayonnaise. Außerdem beim »grünen« Belag richtig zuschlagen: Passend sind Tomaten-, Gurken- und/oder Avocadoscheiben, Zwiebelringe (nach Belieben in der Pfanne in Öl geröstet), aber auch geraspeltes Gemüse wie Möhre, Sellerie, Rote Bete oder Rettich (eventuell als »leichter« Salat angemacht). Mehr braucht es eigentlich nicht für einen Mega-Veggie- oder -Vegan-Burger. Lust zum Ausprobieren? Bauplan: siehe rechts, Ideen: siehe unten.

Spicy-Indian-Burger: Untere und obere Brötchenhälfte dünn mit Tofunaise (siehe S. 140) bestreichen. Auf die untere Hälfte 1 Hirseküchlein (siehe S. 60) legen und mit 1 Salatblatt abdecken. Darauf gegarte, geraspelte Rote Bete und rohe Möhrenraspel häufen und mit Koriandergrün bestreuen. Darauf nochmals 1 Klecks Tofunaise oder Raita (siehe S. 128) verteilen und mit 1 Salatblatt abschließen. Obere Brötchenhälfte auflegen und andrücken.

Grüner Rote-Bete-Bohnen-Burger: Untere und obere Brötchenhälfte dünn mit Cashewsauce (siehe S. 162) oder Sahne-Meerrettich aus dem Glas bestreichen. Darauf 4–5 Rote-Bete-Bohnen-Bällchen (siehe S. 53) verteilen, diese eventuell vorher leicht platt andrücken. Reichlich Rucola und noch ein paar Avocadoscheiben daraufhäufen. Mit 1 Salatblatt (z. B. Radicchio) abschließen, obere Brötchenhälfte auflegen und andrücken.

Lucky-Potato-Burger: Untere und obere Brötchenhälfte dünn mit Kräuter-Avocado-Dip (siehe S. 144) bestreichen. Auf die untere Hälfte mehrere Süßkartoffelscheiben (siehe S. 104) legen. Nach Belieben mit Koriandergrün oder Petersilie bestreuen, dann ein paar Tomatenscheiben und reichlich Alfalfasprossen darauf verteilen. Mit 1 Salatblatt abschließen, obere Brötchenhälfte auflegen und andrücken.

8 Die obere Hälfte des Burger-Brötchens sollte gut halten, also leicht andrücken. Oder sogar vor dem Servieren ein Holzstäbchen durchstechen, um den gesamten Aufbau zu fixieren.

7 Ein Kick zum Schluss: Würzsaucen, Chutneys, Ketchup und/oder Mayo runden den Burger-Belag perfekt ab.

6 Mit einem Salatblatt obenauf halten Gemüse & Co. perfekt.

5 Jetzt wird's bunt: knackige Gemüseraspel oder -scheiben, Sprossen, Pickles oder eingelegtes Gemüse – einfach draufhäufen.

4 Zwischenspiel: Lust auf Käse, ein Spiegelei oder gegrilltes Gemüse im Burger? Wenn ja, dann an dieser Stelle platzieren. Sonst etwas Sauce daraufgeben.

3 Das Patty – das Herzstück des Burgers – kann auch mal durch Tofu, gegrillten Käse oder Gemüse ersetzt werden.

2 Ein Klecks »Haftcreme« gefällig? Etwas Ketchup, Mayonnaise oder Würzsauce geben dem Aufbau mehr Halt.

1 Auf der unteren Hälfte des Burger-Brötchens ruht die ganze Last. Wer will, toastet deshalb die Innenseite unter dem Backofengrill – so weicht die Brötchenhälfte nicht durch.

LINSEN-PILZ-BURGER

Saftig wie ein kleines Steak – aber nur durch Pilze und Linsen. Und mit der Cashewsauce wird der Burger richtig edel. Die kann man aber ruhig einmal durch Ketchup oder Mayo ersetzen.

Für die Burger:
100 g Beluga- oder Le-Puy-Linsen
1 EL Leinsamenmehl
80 g braune Champignons
1 Stück Lauch (ca. 50 g)
1 Zwiebel | 1 Knoblauchzehe
1 TL Rosmarinblättchen
4 EL Olivenöl | Salz | Pfeffer
1 EL Tomatenmark
3 EL Kleinblatt-Haferflocken
2–3 Msp. Chilipulver
8 große Blätter Lollo bionda oder grüner Kopfsalat
1 große Tomate
4 Burger-Brötchen (Buns, siehe S. 16 und 56)

Für die Sauce:
je 40 g Cashewnüsse und Pinienkerne
1 kleine Knoblauchzehe
1 EL Hefeflocken
4 getrocknete Tomaten (in Öl)
½ TL Thymianblätter
Salz | Pfeffer

Für 4 Stück
Zubereitungszeit: 25 Min. (+ 2 Std. Einweichen, 40 Min. Backen)
Pro Portion: 605 kcal, 20 g EW, 29 g F, 66 g KH

V LF

1 Für die Sauce die Nüsse und Pinienkerne mindestens 2 Std. (oder über Nacht) in 150 ml Wasser einweichen. Dann für die Burger in einem Topf 400 ml Wasser aufkochen. Linsen hineingeben und bei mittlerer Hitze 20–25 Min. garen – sie sollten nicht zu weich werden oder gar zerkochen. In ein Sieb abgießen und abtropfen lassen.

2 Inzwischen Leinsamenmehl für ein »Leinsamenei« (siehe S. 38) mit 6–8 EL Wasser glatt verrühren, 10 Min. ruhen lassen. Die Pilze putzen und in dünne Scheiben schneiden. Lauch putzen, längs halbieren, waschen und in kleine Stücke schneiden. Zwiebel und Knoblauch schälen und fein hacken. Den Rosmarin ebenfalls fein hacken.

3 In einer Pfanne 1 EL Olivenöl erhitzen, Zwiebel und Knoblauch darin andünsten. Lauch und Pilze dazugeben und bei starker Hitze schön braun braten, alle Flüssigkeit einkochen lassen. Salzen und pfeffern, Rosmarin und Tomatenmark unterrühren, 1 Min. weiterbraten. Aus der Pfanne nehmen und leicht abkühlen lassen. Pfanne sauber auswischen.

4 Backofen auf 200° vorheizen, Backblech mit Backpapier auslegen. Pilzmischung, Linsen und Haferflocken im Blitzhacker nicht zu fein pürieren – die Masse sollte noch leicht stückig, aber formbar sein. Leinsamenei untermengen. Aus der Masse 4 Burger-Steaks formen. Restliches Öl in der Pfanne erhitzen, darin die Burger-Steaks auf beiden Seiten braun anbraten, dann auf das Blech geben und im Ofen (Mitte) 30–40 Min. backen, dabei einmal wenden.

5 Nüsse und Pinienkerne in ein Sieb abgießen, das Einweichwasser auffangen. Knoblauch schälen und grob schneiden. Mit Nüssen, Pinienkernen, Hefeflocken, abgetropften Tomaten und Thymian im Blitzhacker fein pürieren, dabei gerade so viel Einweichwasser dazugeben, dass eine cremige Sauce entsteht. Mit Salz und Pfeffer würzen. Salat waschen und trocken tupfen. Tomate waschen und in dünne Scheiben schneiden, dabei Stielansatz entfernen. Die Burger-Brötchen aufschneiden und die unteren Hälften mit je 1 Salatblatt, 1 Burger-Steak und 1–2 Tomatenscheiben belegen. Etwas Sauce darüberträufeln, mit je 1 Salatblatt abdecken und die oberen Brötchenhälften auflegen.

BESSER-ESSER-TIPP
Wer low carb essen möchte, kann die Burger ohne Brötchen nur mit der Sauce und einem zusätzlichen Salat genießen. Für eine glutenfreie Variante zudem einfach noch die Haferflocken durch 3–4 EL gekochten Reis ersetzen.

HIRSEKÜCHLEIN MIT SPINAT-SALAT

Knusprige, saftige Küchlein, einfach nur mit Salat – das macht nicht nur satt und schmeckt, sondern passt auch für alle, die gerne glutenfrei oder low carb essen.

Für die Küchlein:
125 g Hirse | Salz
100 g Baby-Blattspinat
1 Stück Lauch (ca. 100 g)
1 Knoblauchzehe
2 EL Olivenöl | Pfeffer
3 EL Korianderblättchen
1–2 TL Currypulver
2 EL Naturjoghurt
1 Ei (M)

Für den Salat:
50 g TK-Heidelbeeren
100 g Baby-Blattspinat
1 TL Honig
2 EL Zitronensaft
2 EL Olivenöl

Für 6 Stück
Zubereitungszeit: 30 Min.
(+ 30 Min. Kühlen, 35 Min. Backen
Pro Portion: 170 kcal,
5 g EW, 9 g F, 18 g KH

GF

1 Für die Küchlein in einem Topf ¼ l Wasser aufkochen, salzen. Die Hirse hineingeben und 10 Min. bei geringer Hitze köcheln lassen. Dann auf der ausgeschalteten Herdplatte zugedeckt weitere 10–15 Min. ruhen lassen – die Hirse sollte richtig gut ausgequollen und alle Flüssigkeit aufgesogen sein. Zum Abkühlen in eine Schüssel geben.

2 Währenddessen Spinat verlesen, waschen und trocken schleudern. Den Lauch putzen, längs halbieren, waschen und in ganz kleine Stückchen schneiden. Knoblauch schälen und fein würfeln. Öl in einer Pfanne erhitzen. Darin den Lauch unter Rühren braten, bis er bräunt, dann den Spinat dazugeben und nur zusammenfallen lassen, salzen und pfeffern. Aus der Pfanne nehmen, leicht abkühlen lassen und mit einem Messer klein hacken.

3 Die Korianderblättchen hacken. Abgekühlte Hirse und gehackten Spinat mit Curry würzen, Joghurt, Ei und Koriander unterrühren. Die Masse salzen, pfeffern und mit den Händen gut durchmengen. Dann daraus 6 Küchlein formen und 30 Min. in den Kühlschrank stellen.

4 Den Backofen auf 250° vorheizen. Ein Backblech mit Backpapier auslegen und die Hirseküchlein darauflegen. Im Ofen (Mitte) in 30–35 Min. goldbraun und knusprig backen, dabei nach 15–20 Min. einmal wenden. Für den Salat die Heidelbeeren antauen lassen.

5 Spinat verlesen, waschen und trocken schleudern. Die Beeren mit 2 EL heißem Wasser vermischen. Honig, Zitronensaft und das Olivenöl dazugeben und alles mit dem Stabmixer fein pürieren oder mit einer Gabel gut zerdrücken. Das Dressing mit Salz und Pfeffer würzen und locker mit dem Spinat mischen. Die Hirseküchlein mit dem Spinatsalat servieren.

BESSER-ESSER-TIPP
Wer gerne vegan ist, ersetzt das Hühnerei durch ein »Leinsamenei« aus 1 EL Leinsamen und 6–8 EL Wasser (siehe S. 38) und den Joghurt durch 4–5 EL Mandelmilch (so viel, dass die Hirsemasse weich und gut formbar, aber nicht zu nass wird).

SOMMERROLLEN MIT ERDNUSSDIP

Einfach zum Anbeißen schön! Aber die Röllchen sind nicht nur herrlich bunt, sondern auch prall gefüllt mit knackig-frischen Gemüsevitaminen. Perfekt auch für jede Party.

Für die Rollen:
1 große Möhre
1 kleine Rote Bete
Salz | Pfeffer
1 kleine Mango (reif, aber mit festem Fleisch)
1 kleine (Hass-)Avocado
1 EL Limettensaft
100 g Alfalfasprossen
3 Stängel Minze
4 Stängel Koriandergrün
8 Blätter Reispapier (22 cm Ø)

Für den Dip:
1½ EL Erdnussmus
80 ml Kokosmilch
80 ml Gemüsebrühe
1 Knoblauchzehe
1–2 EL Tamari (glutenfreie Sojasauce)
½ TL Chilisauce (z. B. Sriracha)
1–2 EL Limettensaft

Für 2 Personen
Zubereitungszeit: 55 Min.
Pro Portion: 685 kcal, 16 g EW, 44 g F, 60 g KH

V GF LF

1 Für die Rollen die Möhre und die Rote Bete schälen (bei der Roten Bete am besten Einweghandschuhe tragen, da die Knolle sehr stark färbt). Beides getrennt fein raspeln, jeweils mit Salz und Pfeffer würzen und kurz ziehen lassen.

2 Mango schälen und das Fruchtfleisch in möglichst großen Stücken vom Kern schneiden, dann in dünne Streifen schneiden. Avocado halbieren und den Kern entfernen. Das Fruchtfleisch mit einem Löffel im Ganzen aus der Schale lösen, längs in schmale Spalten schneiden und sofort im Limettensaft wenden. Die Sprossen abbrausen und gut trocken tupfen. Kräuter abbrausen und trocken schütteln, die Blättchen abzupfen und grob zerzupfen.

3 Einen tiefen Teller mit lauwarmem Wasser füllen. 1 Reispapierblatt ins Wasser legen, bis es biegsam ist, dann auf einem Geschirrtuch ausbreiten. Ein wenig Möhre, Rote Bete, Avocado, Sprossen und Mango streifenförmig quer in der Mitte des Reisblatts verteilen. Etwas Minze und Koriander darüberstreuen. Den unteren freien Reispapierrand über die Füllung schlagen, dann den rechten und linken Rand darüberklappen und die Rolle mitsamt Füllung nach oben hin aufrollen. Aus den restlichen Zutaten wie beschrieben weitere Rollen formen.

4 Für den Dip Erdnussmus und Kokosmilch in einer kleinen Schüssel glatt verrühren. Die Gemüsebrühe aufkochen, Knoblauch schälen und dazupressen, 1 Min. köcheln lassen. Nach und nach so viel heiße Brühe unter die Erdnussmasse rühren, bis eine cremige, leicht flüssige Sauce entstanden ist. Mit Tamari und Chilisauce würzen, mit Limettensaft abschmecken.

… Sommerrollen die fantastische fettarme Alternative zu knusprig frittierten Frühlingsrollen sind. Diese ursprünglich aus Vietnam stammende Spezialität ist genau das Richtige an heißen Tagen: herrlich erfrischend und kräutergün.

BESSER, WEIL

BEIM KLEINEN HUNGER BESSER SNACKEN

BESSER WISSER

JETZT HABE ICH GERADE ERST GEGESSEN UND SCHON WIEDER APPETIT.

Was gab es denn zum Mittagessen?

... besser Apfel ...

ICH HABE NICHT RICHTIG ZU MITTAG GEGESSEN. HEUTE MORGEN GAB'S EIN HALBES BRÖTCHEN MIT ETWAS MARMELADE, ZWISCHENDURCH REISWAFFELN UND HEUTE MITTAG KÄSEBROT UND ÄPFEL.

Vielleicht ist das genau das Problem, dass das Einmal-»richtig«-satt-Essen fehlt und zwischendurch immer wieder diverse Kleinigkeiten gefuttert werden. Die fallen dann um so mehr ins Gewicht.

ABER DAS HATTE DOCH ALLES KAUM KALORIEN ...

Die Kalorien sind nicht das eigentliche Problem, das weiß man heute mittlerweile. Viel schlimmer ist es, wenn man ständig Kohlenhydrate isst – vor allem, wenn die eine bestimmte Zusammensetzung haben. Du erinnerst dich doch noch an unser Slow-Carb-Gespräch von neulich (siehe S. 160)?

Statt Schokoriegel ...

DIE GESCHICHTE MIT DEN »SCHNELLEN« UND »LANGSAMEN« KOHLENHYDRATEN?

Ja, genau. Kohlenhydrate aus Einfachzuckern gelangen schneller ins Blut, die langkettigen Mehrfachzucker langsamer. Um von dort in die Zellen zu kommen, brauchen sie Insulin als Hilfsmittel. Das schüttet unser Bauchspeicheldrüse aus, sobald wir etwas essen. Bei den schnellen Einfachzuckern steigt der Blutzuckerspiegel rasch und hoch an, und es wird viel Insulin ausgeschüttet, dann fällt der Blutzuckerspiegel sehr schnell wieder ab, der Insulinspiegel bleibt aber erst mal hoch: Du hast schnell Energie, fühlst dich kurzfristig satt, aber der Hunger kommt gleich wieder. Brötchen, Marmelade, Reiswaffeln und Äpfel in kurzer Folge fördern so den ständigen Heißhunger.

ALSO BESSER VOLLKORNBROT ODER ANDERE »LANGSAME« KOHLENHYDRATE ESSEN?

Das hilft sicher. Und dazu reichlich Gemüse. Am besten einmal richtig satt essen und dann eine Pause einlegen: Vier bis fünf Stunden zwischen zwei Essen braucht es nämlich, damit sich der Insulinspiegel wieder auf einem normalen Niveau einpendeln kann. Isst man zwischendrin, steigt er wieder an. Drei Mahlzeiten am Tag, die rundum sättigen, wären also ideal. Ist das nicht zu schaffen, sollte man sich trotzdem nicht stressen und hungern. Einfach etwas essen, was wenig oder nur »langsame« Kohlenhydrate hat: etwas Gemüserohkost, eine Orange, ein paar Nüsse schaden dem Körper und dem Blutzuckerspiegel nicht.

… oder Müsliriegel.

SOLLTE MAN, UM ABZUNEHMEN, DEN INSULINSPIEGEL NIEDRIG HALTEN?

Zumindest so niedrig, dass man keinen Hunger hat, aber auch nicht ständig nachlegen muss. Daher besser auch einmal etwas weniger essen oder »langsame« Kohlenhydrate. Und: Kohlenhydrate möglichst nicht mit Fett, vor allem tierischem Fett (siehe S. 142) kombinieren. Wenn Kohlenhydrate den Insulinspiegel ansteigen lassen, wird gleichzeitig aufgenommenes Fett nicht wie normal sofort verbrannt, sondern direkt in die Fettspeicher des Körpers verfrachtet. Das Stück Butter wäre also an sich kein Problem, erst die Kombi mit Brot lässt Hüftgold entstehen.

IST DENN EIN STÄNDIG HOHER INSULINSPIEGEL EIN PROBLEM?

Langfristig kann das ein Riesenproblem werden. Wer sich ständig zu viele Einfachzucker in Form von Weißbrot, Nudeln, Limo oder Süßigkeiten zumutet, überlastet seinen Blutzuckerkreislauf. Die schlimmste Folge davon bedeutet Diabetes. Aber auch wenn es nicht ganz so weit kommt: Wer ständig isst, ständig Insulin im Blut hat, bleibt auf seinem Fett sitzen. Nur bei niedrigem Insulinspiegel geht unser Körper an seine eingespeicherten Depots und verbrennt Fett. Möchte man abnehmen, muss man dafür sorgen, dass der Insulinspiegel Erholungspausen bekommt.

KARTOFFELSALAT MIT BÄRLAUCH-DRESSING

Winterschlaf ade! Reichlich gartenfrische Kräuter und Vitamine helfen, die Frühjahrsmüdigkeit zu vertreiben, und sind auch ideal für die kommende Bikinisaison.

400 g kleine, junge Kartoffeln (Drillinge)
3 kleine, dünne Möhren | Salz
100 g TK-Erbsen
1 (Hass-)Avocado
1 EL Zitronensaft
25 g Bärlauch
1 große Handvoll Kerbel
2 Stängel Estragon
100 g saure Sahne
1 EL Weißweinessig
Pfeffer
1–2 Msp. Chilipulver

Für 2 Personen
Zubereitungszeit: 30 Min.
Pro Portion: 530 kcal, 13 g EW, 32 g F, 46 g KH

GF

1 Die Kartoffeln gründlich waschen, gegebenenfalls mit einer Bürste sauber abschrubben. In ausreichend Wasser in 15–20 Min. weich garen. Anschließend abgießen, ausdampfen lassen und mitsamt der Schale je nach Größe halbieren oder vierteln.

2 Inzwischen die Möhren schälen und in ca. 3 mm dicke Scheiben schneiden. Ausreichend Wasser zum Kochen bringen, salzen. Möhren hineingeben und in 5–7 Min. bissfest garen, dabei gegen Ende für 3 Min. die gefrorenen Erbsen dazugeben und mitgaren. Dann das Gemüse in ein Sieb abgießen und kurz kalt abbrausen, abtropfen lassen.

3 Während Kartoffeln und Möhren garen, die Avocado halbieren und den Kern entfernen. Fruchtfleisch mit einem Löffel aus den Schalen lösen und quer in nicht zu dünne Scheiben schneiden. Sofort in dem Zitronensaft wenden, damit die Scheiben nicht braun werden.

4 Bärlauch waschen und trocken schütteln, Stiele abschneiden, die Blätter in dünne Streifen schneiden. Kerbel und Estragon abbrausen, trocken schütteln. Estragonblätter abzupfen und grob schneiden, Kerbel zerzupfen. Die Hälfte des Bärlauchs und Kerbels mit dem gesamten Estragon, 1 EL saurer Sahne und dem Essig pürieren. Die übrige Sahne unterrühren und das Dressing mit Salz, Pfeffer und Chilipulver würzen.

5 Die lauwarm abgekühlten Kartoffeln mit Möhren, Erbsen und dem Dressing mischen. Den Salat mit Salz und Pfeffer abschmecken. Und zum Schluss noch die Avocado und den restlichen Kerbel und Bärlauch unterheben.

BESSER, WEIL … hier nicht eine dicke Mayonnaise und reichlich kohlenhydrathaltige Kartoffeln in die Schüssel wandern: ein kräuterfrisches leichtes Dressing und reichlich Gemüse ergänzen die Kartoffeln perfekt und machen rundum satt.

1/2 TSP-2.5 ml

SPARGELSALAT MIT MOZZARELLA

500 g dünner grüner Spargel
2 Stängel Estragon
½ Bio-Zitrone
1 TL (körniger) Dijon-Senf
1 TL Honig
5 EL Olivenöl
Salz | Pfeffer
1 Bund Brunnenkresse (ersatzweise Baby-Blattspinat oder Baby-Leaf-Salatmischung)
1 EL Pinienkerne
12 Kugeln Mini-Mozzarella

Für 2 Personen
Zubereitungszeit: 15 Min. (+ 30 Min. Marinieren)
Pro Portion: 435 kcal, 13 g EW, 38 g F, 9 g KH

GF

1 Den Spargel waschen, holzige Enden abschneiden oder schälen. Die Stangen schräg in 5 mm breite Stücke schneiden – das geht recht schnell, wenn man mehrere Stangen nebeneinander auf ein Küchenbrett legt, sie gut festhält und gleichzeitig schneidet.

2 Den Estragon abbrausen und trocken schütteln, die Blätter abzupfen und grob hacken. Die Zitrone heiß waschen, abtrocknen und die Schale fein abreiben, Saft auspressen. Senf und Honig mit der Hälfte der Zitronenschale und 2 EL Zitronensaft gründlich verrühren, dann 4 EL Öl unterschlagen. Das Dressing mit Salz und Pfeffer würzen, mit Estragon und Spargel mischen. Den Salat 20–30 Min. marinieren lassen.

3 Die Brunnenkresse waschen und trocken schleudern, die Blätter abzupfen. Pinienkerne in einer Pfanne goldbraun rösten, abkühlen lassen. Die Hälfte der Kerne mit der Brunnenkresse unter den Spargel heben, den Salat mit Salz, Pfeffer und übrigem Zitronensaft abschmecken.

4 Den Spargelsalat auf Tellern anrichten und die Mozzarella-Kugeln darauf verteilen. Die Mozzarella-Kugeln mit dem übrigen Öl beträufeln und der restlichen Zitronenschale bestreuen, pfeffern. Den Salat mit den übrigen Pinienkernen bestreuen.

BESSER-ESSER-TIPP

Für eine vegane Variante dieses erfrischenden Salats den Honig durch Ahornsirup ersetzen und anstelle von Mozzarella 80 g Hirse nach Packungsangabe garen, abkühlen lassen und mit der Brunnenkresse unter den Spargel heben.

SOMMER-BROTSALAT MIT PFIRSICH

1 Den Backofen auf 200° vorheizen. Den Knoblauch schälen und in eine Schüssel pressen, mit 2 EL Olivenöl vermischen. Baguette oder Fladenbrot in 2–3 cm große Würfel schneiden und mit dem Knoblauchöl mischen, dann auf einem Backblech verteilen. Im Ofen (Mitte) in 10–15 Min. hellbraun-knusprig rösten, herausnehmen und abkühlen lassen.

2 Inzwischen Paprikaschote vierteln, putzen, waschen und quer in feine Streifen schneiden. Die Tomaten waschen und halbieren. Den Pfirsich waschen, halbieren, entsteinen und in schmale Spalten schneiden, diese eventuell halbieren. Frühlingszwiebeln waschen, putzen und mitsamt dem dunklen Grün in dicke Ringe schneiden.

3 Aus Ahornsirup, Rotweinessig, dem übrigen Olivenöl, Salz und Pfeffer eine Vinaigrette anrühren. Paprika, Tomaten, Pfirsich und Zwiebelringe gründlich mit der Vinaigrette mischen, dann den Salat 10 Min. marinieren lassen.

4 Die Basilikumblätter von den Stängeln zupfen und grob zerschneiden oder zerzupfen. Mit dem Röstbrot unter den Salat heben und diesen weitere 10 Min. marinieren lassen. Vor dem Servieren mit Salz und Pfeffer abschmecken.

1 kleine Knoblauchzehe
6 EL Olivenöl
1 Stück Baguette oder Fladenbrot (ca. 100 g, am besten vom Vortag)
1 gelbe oder orange Paprikaschote
350 g Kirschtomaten
1 reifer, aber fester Pfirsich
2 Frühlingszwiebeln
1 TL Ahornsirup
3 EL Rotweinessig
Salz | Pfeffer
1 Bund Basilikum

Für 2 Personen
Zubereitungszeit: 30 Min. (+ 20 Min. Marinieren)
Pro Portion: 495 kcal, 8 g EW, 31 g F, 44 g KH

V LF

BROKKOLI-REIS-SALAT

Dieser Salat schmeckt wirklich unverschämt gut. Knackig-roher Brokkoli, kerniger Reis und ein cremiges Dressing machen ihn zu einer ganz ungewöhnlichen Delikatesse, die durchaus auch einen Transport durchhält ...

80 g roter Camargue-Reis
Salz
300 g Brokkoli (ohne Stiel)
1 Bund Radieschen
2 Frühlingszwiebeln
1 EL (Shiro-)Misopaste
2 EL weißes Mandelmus
Saft von ½ Orange
4 EL Zitronensaft
1 TL Tamari (glutenfreie Sojasauce)
¼ TL Chilisauce (z. B. Sriracha)
Pfeffer

Für 2 Personen
Zubereitungszeit: 20 Min. (+ 45 Min. Garen)
Pro Portion: 360 kcal, 14 g EW, 14 g F, 46 g KH

V GF LF

1 Den Reis mit gut 160 ml Wasser in einen Topf geben, salzen. Den Reis nach Packungsanweisung 40–45 Min. garen – er sollte am Ende immer noch richtig schön bissfest sein.

2 Den Brokkoli waschen und in einzelne Röschen teilen. Die Röschen längs in möglichst feine Scheiben schneiden, sehr große Scheiben noch etwas kleiner schneiden. Das Grün der Radieschen entfernen (wer will, legt ein paar schöne Blätter beiseite), die Radieschen waschen, putzen und ebenfalls in feine Scheiben schneiden. Die Frühlingszwiebeln waschen, putzen und mit dem dunklen Grün in dünne Ringe schneiden. Alles in eine Schüssel geben.

3 Für das Dressing Miso und Mandelmus mit dem Orangensaft verrühren, dann Zitronensaft und Tamari unterrühren. Das Dressing mit Chilisauce, Salz und Pfeffer würzen. Das Dressing sollte dickflüssig sein, wer das nicht mag, kann noch ein wenig Wasser zugeben.

4 Den gegarten Reis nur ganz kurz abkühlen oder lauwarm werden lassen, dann mit dem Dressing ebenfalls in die Schüssel geben und alles gut vermischen. Den Salat mit Salz und Pfeffer abschmecken. (Eventuell noch die Radieschenblätter waschen, trocken schütteln, in feine Streifen schneiden und unter den Salat heben.)

... Camargue-Reis ein Vollkornreis ist, in dessen Randschichten noch alles Gesunde steckt, was ein Reiskorn zu bieten hat. In Kombination mit rohem Brokkoli bringt das nicht nur kernigen Biss, sondern auch richtig viel Power.

BESSER, WEIL

DIY

VINAIGRETTE BESSER SELBER MACHEN

Salat lässt sich mit einem gekauften Fertigdressing ganz schnell anmachen, keine Frage. Aber was ist da drin? Oft zu viel Salz, Konservierungsstoffe und minderwertiges Öl. Bei einer hausgemachten Vinaigrette dagegen, weiß man, was in ihr steckt. Und sie lässt sich auch auf Vorrat zubereiten.

Das braucht's für 10 Salatportionen:
3 TL (körniger) Dijon-Senf | 1 TL Ahornsirup (nach Belieben) | 90 ml Weißwein-, Rotwein- oder Apfelessig | 120 ml kalte Gemüsebrühe | 1½ TL Salz | Pfeffer | 150 ml natives Olivenöl

1 Entweder: Senf und eventuell Ahornsirup mit 2 EL Essig in ein Schüsselchen geben und glatt verrühren. Dann übrigen Essig, Brühe, Salz und Pfeffer dazugeben und unterrühren. Zum Schluss das Öl nach und nach kräftig unterschlagen (Bild 1). Die Vinaigrette sofort verwenden oder für den Vorrat in ein Schraubglas oder eine verschließbare Flasche füllen und bis zum Gebrauch im Kühlschrank aufbewahren. Haltbarkeit: 2–3 Wochen.

2 Oder: Alternativ alle Zutaten in ein Schraubglas oder eine verschließbare Flasche füllen und darin so lange kräftig schütteln, bis eine homogene Vinaigrette entstanden ist (Bild 2).

WAS DIE VINAIGRETTE VERFEINERT

Einen Farbtupfer und zusätzliches Aroma erhält die Vinaigrette, wenn man frisch gehackte Kräuter und / oder Schalottenwürfelchen unterrührt (Bild 3). Dafür eine Portion Vinaigrette abnehmen, das frische Extra unterrühren und den Salat anmachen (Bild 4). Außerdem kann man auch mal mit verschiedenen Essigsorten (z. B. Himbeer-Balsamico-, Quitten-, Marillen- oder Sherryessig) experimentieren oder mit unterschiedlichen Ölsorten (z. B. Walnuss-, Mandel-, Kürbiskern- oder Traubenkernöl). So schmeckt Salat jeden Tag anders und jedes mal ein bisschen besser.

1 Zu Beginn alles, was man braucht, bereitstellen. Die Zutaten dann in einem Schüsselchen am besten mit einem kleinen Schneebesen verrühren.

2 Oder alternativ die Zutaten in einem Schraubglas oder einer Flasche kräftig durchschütteln.

3 Kräuter und Schalotten verfeinern das Aroma, dürfen aber nicht zu lange ziehen.

4 Kommen frische Extras in die Vinaigrette, diese dann nur unter die tatsächlich benötigte Saucenmenge rühren und den Salat möglichst bald damit anmachen.

WINTER-WURZELSALAT MIT ORANGEN

1 große Möhre
1 Stück Winterrettich (ca. 100 g)
1 Stück Knollensellerie (ca. 80 g)
1 kleine Rote Bete
2 (Blut-)Orangen
1 TL körniger Senf
1 EL Weißweinessig
Salz | Pfeffer
2 EL Olivenöl

Für 2 Personen
Zubereitungszeit: 15 Min.
(+ 10 Min. Marinieren)
Pro Portion: 185 kcal,
3 g EW, 11 g F, 17 g KH

V GF LF R

1 Das Gemüse schälen oder waschen und putzen und mit der Küchenmaschine oder auf der Rohkostreibe in feine Streifen hobeln.

2 Die Orangen halbieren und aus einer Hälfte den Saft auspressen. Orangensaft mit Senf, Essig, Salz und Pfeffer verrühren, dann das Öl kräftig unterschlagen. Die Vinaigrette mit dem Gemüse mischen, 10 Min. marinieren lassen.

3 Von den übrigen Orangenhälften die Schale samt der weißen Haut mit einem scharfen Messer abschneiden. Dazu die Hälften mit der Schnittfläche nach unten auf ein Brett legen und die Schale in breiten Streifen von oben nach unten abschneiden, dabei den ablaufenden Saft auffangen. Dann die Orangen in dünne Scheiben schneiden und diese nochmals halbieren, dabei alle Kerne entfernen.

4 Die Orangenstücke samt dem aufgefangenen Saft unter das marinierte Gemüse heben. Den Salat auf Teller verteilen und servieren. Dazu passt gebratener Halloumi.

ROTKOHLSALAT MIT SOBA-NUDELN

1 Den Rotkohl waschen und putzen, den Strunk keilförmig herausschneiden. Den Kohl in feine Streifen hobeln oder schneiden und in eine Schüssel geben. Mit ein wenig Salz und 1 EL Limettensaft mischen und mit den Händen (am besten Einweghandschuhe tragen, der Kohl färbt!) durchkneten, bis er schön weich ist.

2 Die Nudeln nach Packungsanweisung garen, dann in ein Sieb abgießen und abtropfen lassen. Den Sesam in einer Pfanne rösten, bis er duftet und leicht bräunt, abkühlen lassen. Die Möhre schälen und in feine Streifen hobeln oder schneiden. Sellerie waschen, putzen und in feine Scheibchen schneiden. Für das Dressing die Misopaste mit 4–5 EL Limettensaft, Honig, Chilisauce, Tamari und 3 EL Wasser glatt verrühren. Das Olivenöl unterschlagen, mit übrigem Limettensaft und Salz abschmecken.

3 Dressing, Nudeln, Möhre, Sellerie und einen guten Teil des Korianders mit dem Rotkohl mischen und den Salat 10 Min. marinieren lassen. Dann den Salat eventuell mit Salz und Pfeffer abschmecken. Mit übrigem Koriander und dem Sesam bestreuen.

BESSER-ESSER-TIPP
Für ein veganes Dressing statt des Honigs Ahornsirup oder Agavendicksaft verwenden.

1 Stück Rotkohl (ca. 150 g)
Salz | Saft von 1 Limette
80 g Soba-Nudeln
1 EL Sesamsamen | 1 große Möhre
2 Stangen Staudensellerie
1½ EL (Genmai-)Misopaste
1 TL Honig
½–¾ TL Chilisauce (z. B. Sriracha)
2 EL Tamari (glutenfreie Sojasauce)
2 EL Olivenöl
1 Handvoll Korianderblättchen
Pfeffer

Für 2 Personen
Zubereitungszeit: 25 Min. (+ 10 Min. Marinieren)
Pro Portion: 345 kcal, 11 g EW, 15 g F, 47 g KH

GF LF

LINSEN-ENDIVIEN-SALAT MIT OFEN-KÜRBIS

Der Herbst lässt nicht nur Blätter fallen, sondern liefert auch fantastische Salatzutaten wie Endiviensalat und Kürbis: Lauwarm serviert, wärmt dieser Salat auch bei stürmischem Wetter.

Für den Salat:
100 g Beluga-Linsen
Salz
180 g Endiviensalat
2 EL Kürbiskerne
1 TL (körniger) Dijon-Senf
1 TL Ahornsirup
2–3 EL Weißweinessig
Pfeffer
2 EL Olivenöl

Für den Kürbis:
500 g Hokkaido-Kürbis (geputzt ca. 400 g)
1 TL Thymianblättchen
1 Knoblauchzehe
1½ EL Olivenöl
Salz | Pfeffer

Für 2 Personen
Zubereitungszeit: 35 Min.
Pro Portion: 455 kcal, 18 g EW, 23 g F, 39 g KH, ED

GF LF

1 Für den Salat in einem Topf 400 ml Wasser aufkochen, die Linsen hineingeben und zugedeckt bei mittlerer Hitze ca. 25 Min. garen, bis sie gerade weich sind, aber noch leicht Biss haben und nicht zerfallen. Gegen Garzeitende salzen, anschließend in ein Sieb abgießen und kurz abtropfen lassen.

2 Zwischendurch den Backofen auf 220° vorheizen. Den Hokkaido-Kürbis waschen und längs vierteln, Kerne und Fasern mit einem Löffel herauskratzen. Die Kürbisviertel quer halbieren und in ca. 1 cm breite Spalten schneiden. Thymian hacken und in eine ofenfeste Form geben, Knoblauch schälen und dazupressen. Beides mit dem Öl verrühren, dann gründlich mit dem Kürbis mischen. Den Kürbis salzen, pfeffern und im Ofen (Mitte) in 15–20 Min. weich garen, dabei einmal durchrühren.

3 Während Linsen und Kürbis garen, Endiviensalat putzen, waschen, trocken schleudern und in mundgerechte Stücke zupfen. Die Kürbiskerne in einer Pfanne rösten, bis sie leicht knistern und angenehm zu duften beginnen, vom Herd nehmen und abkühlen lassen. Für das Dressing Senf, Ahornsirup, 2 EL Essig, Salz und Pfeffer verrühren, dann das Öl unterschlagen. Das Dressing unter die noch warmen Linsen mischen.

4 Die lauwarmen Linsen mit dem Endiviensalat und gut der Hälfte des warmen Kürbis vermengen, mit Salz, Pfeffer und eventuell übrigem Essig abschmecken. Den Salat auf Teller verteilen, restliche Kürbisstücke daneben anrichten, Kürbiskerne aufstreuen.

BESSER, WEIL

… hier ein Salat vom kleinen Beilagensalätchen zu einem echten Hauptgericht mutiert: frisches Grün, eiweißreiche Linsen und magenwärmender Kürbis – da steckt wirklich alles drin, was wir brauchen.

WIR KOCHEN HEUTE ROH

UND NUR BIS 40°

BESSER WISSER

WIE WÄR'S HEUTE MIT EINEM GROSSEN SALAT? GERNE, ICH STEH GERADE TOTAL AUF RAW-FOOD.

Perfekt: Wir machen eine Schüssel Rohkostsalat mit möglichst vielen Gemüsesorten und dem guten kalt gepressten Olivenöl aus dem letzten Italienurlaub.

ROHKOST HÖRT SICH DOCH EIGENTLICH RECHT BIEDER AN. IST DAS EIGENTLICH DASSELBE WIE »RAW«, SO WIE ES JETZT AUS DEN USA BEI UNS ANGEKOMMEN IST?

Das ist leider nicht so einfach zu sagen, denn »raw« wird recht unterschiedlich interpretiert. Die einen verstehen darunter nur rohe Lebensmittel, die überhaupt nicht erhitzt werden. Die anderen erwärmen Lebensmittel bis maximal 40 Grad; manche essen strikt vegan nur pflanzliche Rohkost, andere erlauben sich Rohmilchprodukte, Eier oder sogar Fisch und Fleisch, solange sie eben nicht gekocht sind. Aber Stichwort Rohkost: Im Grunde hat der gute Dr. Bircher bereits vor hundert Jahren mit seinem Vollwertmüsli auch nicht so viel anderes gemacht.

DAS KLINGT JA VERWIRREND. ABER WARUM SOLLEN LEBENSMITTEL AUSGERECHNET NUR BIS 40 GRAD ERHITZT WERDEN?

Ab ungefähr 40 Grad werden viele der Vitamine, Mineralstoffe und Spurenelemente in Gemüse und Obst, die Rohkost so attraktiv machen, ganz oder teilweise zerstört. Aber manchmal schlägt Gekochtes doch Rohes: Vitamin E und A sowie bestimmte sekundäre Pflanzenstoffe wie Lycopin in Tomaten oder Betacarotin in Karotten werden erst durchs Erhitzen für unseren Körper besser verwertbar. Schonendes Garen wie sanftes Dünsten oder Dämpfen hat also auch Vorteile. Wer nicht nur Salat und Rohkost mag, sondern etwas aufwendiger raw kochen und backen möchte, kann sich ein Dörrgerät anschaffen, das gerade nur bis 40 Grad erhitzt.

MUSS ICH NICHT BESTIMMTE GEMÜSE SOGAR KOCHEN? ODER KANN ICH DOCH ALLES ROH ESSEN?

Es gibt wirklich ein paar Lebensmittel, die man roh nicht essen sollte: Bestimme Eiweißstoffe in grünen Bohnen, anderen Hülsenfrüchten oder Holunderbeeren sind giftig. Einfaches Erhitzen macht sie unschädlich. Genau wie das Solanin in Nachtschattengewächsen: Also grüne Tomaten, Kartoffeln und Auberginen immer kochen, obwohl heutige Züchtungen nur noch kleine Solaninmengen enthalten. Bestimmte Gemüsesorten wie etwa die meisten Kohlsorten sind eher schwer verdaulich, auch hier hilft Kochen, die Pflanzenzellwände vollständig aufzubrechen. Damit wird der Wirsing nicht nur bekömmlicher, bestimmte Nährstoffe können so auch besser aufgenommen werden.

DIE PFLANZLICHEN ZELLWÄNDE AUFBRECHEN – DAS SOLLEN DOCH HOCHLEISTUNGSMIXER BEI GRÜNEN SMOOTHIES MACHEN?

Grüne Smoothies sind ideal für alle Raw-Einsteiger und für viele eine Hilfe, um täglich auf eine gute Menge an Obst und Gemüse zu kommen (siehe S. 9). Aber so praktisch und lecker Smoothies sind, mehr Rohkost ist langfristig wahrscheinlich besser. Denn das Verdauen und Verwerten von Nährstoffen beginnt schon beim Kauen im Mund. Dabei werden Enzyme freigesetzt, die uns nicht helfen, wenn wir pürierten Smoothiebrei ex und hopp runterkippen und den Magen mit seiner Arbeit alleine lassen.

… auch Kakaobohnen und Nüsse sind »raw«.

IST RAW-FOOD DENN NUR GEMÜSE UND OBST?

Nüsse, Samen, gekeimtes Getreide und Sprossen erweitern den rohen Horizont. Gewürze sind erlaubt, genau wie kalt gepresste Öle und alle Produkte, die bei ihrer Verarbeitung nicht über 40 Grad erhitzt werden. Bestes Beispiel: roher Kakao, der aus den ungerösteten Kakaobohnen gewonnen wird und deutlich mehr Vitalstoffe zu bieten hat als unsere Schokolade. Und apropos Schokolade, wie wär's mal mit einer rohen Avocado-Schoko-Mousse (siehe S. 181) als feines Dessert nach dem Salat?

Es muss nicht immer Gemüse sein …

BOHNENSALAT MIT RADICCHIO

40 g Walnusskerne
Salz | 400 g TK-Stangenbohnen
1 Dose Kidneybohnen (ca. 140 g Abtropfgewicht)
1 kleiner Radicchio
1 kleine rote Zwiebel
1 kleiner Stängel Estragon
3 Stängel Dill
3 Stängel Petersilie
1 EL körniger Senf
1 TL Ahornsirup
3 EL Weißweinessig
Pfeffer | 5 EL Olivenöl

Für 2 Personen
Zubereitungszeit: 25 Min.
Pro Portion: 555 kcal,
15 g EW, 40 g F, 33 g KH

V GF LF

1 Die Nüsse in einer Pfanne rösten, bis sie leicht duften, herausnehmen, auskühlen lassen und grob zerteilen. Ausreichend Salzwasser zum Kochen bringen. Gefrorene Stangenbohnen hineingeben und in ca. 8 Min. bissfest garen. Dann in ein Sieb abgießen und kurz mit kaltem Wasser abschrecken, abtropfen lassen.

2 Zwischendurch Kidneybohnen in ein Sieb abgießen, abbrausen und abtropfen lassen. Den Radicchio halbieren, welke Blätter entfernen und den Strunk herausschneiden. Blätter ablösen, waschen, trocken schleudern und in dünne Streifen schneiden. Zwiebel schälen und in kleine Würfel schneiden. Die Kräuter abbrausen und trocken schütteln, die Blättchen abzupfen und nicht zu fein hacken.

3 Für das Dressing Senf, Ahornsirup, Essig, Salz und Pfeffer verrühren, dann das Öl kräftig unterschlagen. Beide Bohnensorten (die grünen Bohnen können ruhig noch lauwarm sein) und den Radicchio mit Dressing, Nüssen und der Zwiebel mischen. Den Salat mit Salz und Pfeffer abschmecken, dann die Kräuter vorsichtig unterheben.

✪ BESSER-ESSER-TIPP

Für eine schmackhafte – allerdings nicht mehr vegane und lactosefreie – Sommer-Kombi einfach noch 100 g zerbröckelten Feta-Käse unter den Salat mischen. Wer mag, lässt dafür dann den Radicchio weg.

ROSENKOHL-ORANGEN-SALAT

400 g Rosenkohl
2 (Blut-)Orangen
1 EL Zitronensaft
Salz | Pfeffer
3 EL Mandelsplitter
50 g Parmesan
2–3 EL Weißweinessig
3 EL Olivenöl

Für 2 Personen
Zubereitungszeit: 40 Min.
Pro Portion: 430 kcal,
20 g EW, 30 g F, 20 g KH

1 Den Rosenkohl waschen und alle unschönen äußeren Blätter entfernen. Dann die Röschen quer in ganz feine Streifen schneiden – von oben beginnend bis nach unten zum Strunk –, den Strunk wegwerfen.

2 Von den Orangen mit einem scharfen Messer die Schale so abschneiden, dass die weiße Haut mit entfernt wird, dabei den Saft auffangen. Orangenfilets aus den Trennhäuten herausschneiden, dabei alle Kerne entfernen. Orangenfilets in grobe Stücke schneiden.

3 Rosenkohl mit Orangen- und Zitronensaft sowie 1–2 Prisen Salz in eine Schüssel geben und mit der Hand kräftig durchkneten. Den Salat 10 Min. ruhen und ziehen lassen. Inzwischen die Mandelsplitter in einer Pfanne rösten, bis sie leicht bräunen, dann abkühlen lassen. Den Parmesan in feine Späne hobeln.

4 Den Salat mit Essig und Öl anmachen, Orangen und Mandeln unterheben, mit Salz und Pfeffer abschmecken. (Wer mag, lässt den Salat jetzt nochmals 10 Min. ziehen). Den Parmesan vor dem Servieren unterheben oder darüberstreuen.

BESSER-ESSER-TIPP

Alle Vegan-Fans bereiten den Salat ohne Parmesan zu und mischen stattdessen einfach 150 g gegarte Quinoa und 2 EL Rosinen oder getrocknete Cranberrys unter.

GRÜNKOHLSALAT MIT QUINOA UND GRANATAPFEL

Kale, Grünkohl, ist in den USA ein veganer Shooting-Star und in allen Schüsseln vertreten. Am liebsten roh, denn so sind noch alle Inhaltsstoffe wie Proteine, Eisen und Kalzium voll enthalten.

250 g (möglichst zarte) Grünkohlblätter
Saft von ½ Zitrone | Salz
70 g (rote) Quinoa
½ Granatapfel
30 g Pekannusskerne
1 (Hass-)Avocado
2 EL Tahin (Sesammus)
Saft von ½ Orange
¾ TL Ras-el-Hanout (marokkanische Gewürzmischung)
¼ TL Harissa (scharfe Gewürzpaste) oder Chilisauce (z.B Sriracha)
Pfeffer

Für 2 Personen
Zubereitungszeit: 50 Min.
Pro Portion: 605 kcal, 13 g EW, 46 g F, 32 g KH

V GF LF

1 Den Grünkohl gründlich waschen und trocken schütteln. Die Blätter in mundgerechten Stücken von den Stielen zupfen (alle faserigen Teile entfernen) und in eine Schüssel geben. 1 EL Zitronensaft und 1–2 Prisen Salz dazugeben und den Grünkohl kräftig mit den Händen durchkneten. Dann mindestens 30 Min. ruhen und ziehen lassen.

2 Inzwischen die Quinoa in ein feines Sieb geben und mit heißem Wasser abbrausen – das hilft, unangenehme Bitterstoffe zu entfernen. 180 ml Wasser aufkochen und salzen. Die abgetropfte Quinoa dazugeben, aufkochen und bei geringer Hitze 15–20 Min. zugedeckt garen. Vom Herd nehmen und offen ausquellen und lauwarm oder kalt werden lassen.

3 Währenddessen die Granatapfelkerne aus Schale und Trennhäuten lösen. Pekannüsse nach Belieben kleiner hacken. Avocado halbieren, den Kern entfernen und das Fruchtfleisch mit einem Löffel aus den Schalen lösen. Die Avocado grob würfeln, mit 1 TL Zitronensaft mischen und zum Grünkohl geben. Tahin mit dem übrigen Zitronensaft, dem Orangensaft und 5–6 EL Wasser zu einem cremigen, leicht flüssigen Dressing verrühren. Mit Ras-el-Hanout, Harissa oder Chilisauce, Salz und Pfeffer würzen.

4 Die abgekühlte oder lauwarme Quinoa zum Grünkohl geben, das Dressing und einen Großteil der Granatapfelkerne und Pekannüsse untermischen. Den Salat mit Salz und Pfeffer abschmecken, mit übrigen Granatapfelkernen und Nüssen bestreuen und servieren.

... Grünkohl hier nicht wie in vielen Hausmannskostrezepten so lange gekocht wird, bis nichts an Vitaminen und Mineralstoffen mehr übrig ist – roh und knackig hat er davon von allen Gemüsesorten nämlich am meisten zu bieten.

BESSER, WEIL

KALTE AVOCADOCREMESUPPE

2 EL Sesamsamen
1 Bio-Salatgurke
2 Frühlingszwiebeln
1 vollreife (Hass-)Avocado
1½ TL Limettensaft
2 EL Naturjoghurt
1 TL gemahlener Kreuzkümmel
⅓ TL Chiliflocken | Salz
1 Kästchen Gartenkresse

Für 2 Personen
Zubereitungszeit: 10 Min.
Pro Portion: 370 kcal,
7 g EW, 34 g F, 8 g KH

GF

1 Die Sesamsamen in einer Pfanne rösten, bis sie duften, vom Herd nehmen und abkühlen lassen. Die Gurke waschen, putzen und in grobe Stücke schneiden. Die Frühlingszwiebeln waschen und putzen, die weißen Teile in grobe Stücke, die grünen in feine Ringe schneiden.

2 Die Avocado halbieren, den Kern entfernen und das Fruchtfleisch mit einem Löffel aus den Schalen lösen. Mit dem Limettensaft mischen und in einen Hochleistungsmixer geben.

3 Die Gurke und die weißen Frühlingszwiebelstücke, Joghurt, Kreuzkümmel, Chiliflocken, Salz und 180 ml möglichst gut gekühltes Wasser (eventuell noch 1–2 Eiswürfel dazugeben) ebenfalls in den Mixer geben. Alles zu einer cremigen Suppe pürieren. Wer die Suppe nicht so dick-cremig mag, gibt noch etwas Wasser dazu.

4 Die Avocadocremesuppe auf tiefe Teller oder Schälchen verteilen. Die Gartenkresse vom Beet schneiden, mit 1–2 EL grünen Frühlingszwiebelringen und dem gerösteten Sesam vermischen und auf die Suppe häufen.

BESSER-ESSER-TIPP

Vegan wird diese cremige Avocadocremesuppe, wenn man den Joghurt weglässt und dafür 1 EL Tahin (Sesampaste) mitpüriert.

KALTE TOMATENSUPPE

1 Toastbrot grob würfeln. Knoblauch schälen und fein hacken. In einer beschichten Pfanne die Mandelblättchen rösten, bis sie hell bräunen und duften. Herausnehmen und abkühlen lassen. Jetzt das Öl in der Pfanne erhitzen. Brot und Knoblauch dazugeben und unter gelegentlichem Rühren rösten, bis das Brot goldbraun ist, herausnehmen und abkühlen lassen.

2 Die Tomaten waschen und grob würfeln, dabei die Stielansätze entfernen. Die Frühlingszwiebeln waschen und putzen, das Grün abschneiden und beiseitelegen, die weißen Teile in grobe Stücke schneiden. Paprikaschote halbieren, putzen, waschen und ebenfalls in grobe Stücke schneiden. Die Basilikumblätter von den Stängeln zupfen.

3 Die Hälfte des Basilikums und der Mandelblättchen mit den weißen Zwiebelstücken, den Tomaten, der Paprika, dem Brot, 1½ EL Essig und der Brühe in einen Hochleistungsmixer geben. Mit 1–2 Prisen Salz und Pfeffer würzen und alles fein pürieren. Die Suppe 2 Std. im Kühlschrank durchziehen lassen, dann mit übrigem Essig, Salz und Pfeffer abschmecken.

4 Die Hälfte des Frühlingszwiebelgrüns (den Rest anderweitig verwenden) in feine Ringe schneiden, die restlichen Basilikumblättchen in Streifen schneiden. Beides mit den übrigen Mandelblättchen auf die Suppe streuen, servieren.

BESSER-ESSER-TIPP
Wer die Suppe nicht nur mit Grün toppen mag, streut 1 hart gekochtes Ei in kleinen Würfeln mit Zwiebeln, Basilikum und Mandeln darauf. Vegan ist diese Version dann aber nicht mehr.

2 Scheiben Vollkorntoast
1 Knoblauchzehe
4 EL Mandelblättchen
2 EL Olivenöl
600 g Tomaten
2 Frühlingszwiebeln
1 kleine rote Paprikaschote
4 Stängel Basilikum
2 EL Rotweinessig
180 ml kalte Gemüsebrühe
Salz | Pfeffer

Für 2 Personen
Zubereitungszeit: 15 Min.
(2 Std. Kühlen)
Pro Portion: 345 kcal,
10 g EW, 22 g F, 23 g KH

V LF

KARTOFFELSUPPE MIT GRÜNKOHL-CHIPS

Gegensätze ziehen sich an, heißt es. Und darum kommt auf diese sahnige Suppe feiner Gemüseknusper. Davon unbedingt mehr machen, da die Chips absoluten Suchtfaktor haben.

Für die Chips:
150 g Grünkohlblätter
2 EL Cashewnussmus
3 EL Zitronensaft
1 TL getrockneter Thymian
2 Msp. Chilipulver
1–2 Prisen Salz | Pfeffer
2 TL Hefeflocken

Für die Suppe:
1 Stück Lauch (ca. 50 g)
1 Stück Knollensellerie (ca. 60 g)
1 kleine Möhre
400 g mehligkochende Kartoffeln
1 Stängel Liebstöckel (ersatzweise 3 Stängel Petersilie)
1–2 EL Olivenöl
Salz | Pfeffer
120 g Sojasahne
frisch geriebene Muskatnuss

Für 2 Personen
Zubereitungszeit: 1 Std. 30 Min.
Pro Portion: 480 kcal, 14 g EW, 30 g F, 38 g KH

V GF LF

1 Für die Chips den Backofen auf 120° (oder noch besser: Umluft 100°) vorheizen. Ein Backblech mit Backpapier auslegen. Den Grünkohl gründlich waschen und trocken schütteln. Die Blätter in mundgerechten Stücken von den Stielen zupfen (faserige Teile entfernen).

2 In einer Schüssel Cashewnussmus mit Zitronensaft, 6 EL Wasser, Thymian, Chilipulver, Salz und Pfeffer gründlich verrühren. Den Grünkohl dazugeben und die Cashewnusscreme kräftig mit den Händen einkneten, bis die Blätter rundherum mit Creme überzogen sind. Die Hefeflocken darüberstreuen und verteilen, bis sie gut haften bleiben. Die Blätter auf dem Blech großzügig verteilen. Im Ofen (Mitte) in 1 Std.–1 Std. 15 Min. knusprig trocknen, dabei zur Halbzeit durchrühren und auflockern. Dann herausnehmen und abkühlen lassen.

3 Zwischendurch für die Suppe das Gemüse waschen oder schälen und putzen. Den Lauch längs halbieren und in ganz feine Ringe schneiden. Sellerie und Möhre in dünne Scheiben schneiden, die Kartoffeln klein würfeln. Liebstöckel abbrausen, trocken schütteln und mit den Stängeln in grobe Stücke schneiden.

4 Das Öl in einem Topf erhitzen. Lauch, Möhren und Sellerie dazugeben, salzen, pfeffern und unter Rühren bei starker Hitze andünsten, bis das Gemüse fein duftet und leicht zu bräunen beginnt. ½ l Wasser dazugießen, Kartoffeln und die Hälfte des Liebstöckels in den Topf geben und alles bei mittlerer Hitze ca. 25 Min. garen.

5 Gegen Garzeitende die Sojasahne und den übrigen Liebstöckel unter die Suppe rühren und kurz heiß werden lassen. Alles mit dem Stabmixer pürieren, mit Salz, Pfeffer und Muskat abschmecken. Die Suppe auf Teller verteilen, mit 1 guten Handvoll Grünkohlchips bestreuen und servieren. Restliche Chips dazu knabbern (oder in einer luftdicht verschlossenen Dose für später aufbewahren).

BESSER-ESSER-TIPP
Lust auf herkömmliche Sahne? Dann einfach die Sojasahne dadurch ersetzen. Vegan und lactosefrei ist die Suppe dann aber nicht mehr.

BROKKOLI-KOKOS-CREMESUPPE

400 g Brokkoli
2 Schalotten
1 kleine Knoblauchzehe
1 grüne Chilischote
200 ml Kokosmilch
Salz
Pfeffer
½ Bund Koriandergrün

Für 2 Personen
Zubereitungszeit: 20 Min.
Pro Portion: 230 kcal,
8 g EW, 17 g F, 8 g KH

V GF LF

1 Den Brokkoli waschen und putzen. Den Stiel eventuell schälen, dann längs vierteln und in dünne Scheiben schneiden. Die Röschen erst grob schneiden, dann mit den Stielen nicht zu klein hacken. Schalotten und Knoblauch schälen und würfeln. Die Chilischote waschen, putzen und fein schneiden (wer es milder mag, entfernt vorher noch die Kerne).

2 Von der Kokosmilch 2–3 EL möglichst dicken Rahm abnehmen, in einen Topf geben und erhitzen. Darin Schalotten und Knoblauch unter Rühren kurz dünsten. ¼ l Wasser, die übrige Kokosmilch, Chilischote und den Brokkoli dazugeben und alles 10 Min. bei mittlerer Hitze zugedeckt garen. Die Suppe mit Salz und Pfeffer würzen.

3 Das Koriandergrün abbrausen, trocken schütteln und mit den Stängeln grob schneiden. Gut 1 EL davon für die Garnitur zurückbehalten, den Rest zur Suppe geben und alles mit dem Stabmixer fein pürieren. Übrigen Koriander aufstreuen.

SELLERIE-APFEL-SUPPE

300 g Knollensellerie (möglichst mit Grün)
1 säuerlicher Apfel (z. B. Granny Smith oder Braeburn)
1 kleine Zwiebel
5 Zweige Thymian
2½ EL Olivenöl
Salz | Pfeffer
700 ml Gemüsebrühe
1 Scheibe Vollkorntoast
1 Knoblauchzehe
3 EL Haselnussblättchen (ersatzweise Mandelblättchen)
100 g Crème fraîche
1–2 Spritzer Zitronensaft

Für 2 Personen
Zubereitungszeit: 30 Min.
Pro Portion: 500 kcal, 6 g EW, 43 g F, 18 g KH

1 Vom Selleriegrün 2 junge Blätter abnehmen, waschen und beiseitelegen. Den Sellerie schälen, Apfel waschen, vierteln und entkernen, beides 1 cm groß würfeln. Zwiebel schälen und fein würfeln. Den Thymian abbrausen, trocken schütteln und die Blättchen hacken.

2 In einem Topf 1½ EL Öl erhitzen, darin die Zwiebel andünsten. Selleriewürfel und die Hälfte des Thymians dazugeben und unter Rühren kurz mitdünsten. Salzen und pfeffern, dann die Brühe angießen und das Gemüse 5 Min. zugedeckt bei geringer Hitze köcheln lassen. Die Äpfel dazugeben und alles in weiteren 15–20 Min. fertig garen.

3 Inzwischen den Toast in kleine Würfel schneiden, Knoblauch schälen. Übriges Öl in einer kleinen Pfanne erhitzen, den Knoblauch hineinpressen. Brot, Haselnussblättchen und restlichen Thymian dazugeben. Alles unter Rühren goldbraun anrösten und vom Herd nehmen. Die beiseitegelegten Sellerieblätter klein schneiden.

4 Von der Crème fraîche 1 EL abnehmen, den Rest mit dem Selleriegrün in die Suppe geben und 2 Min. erwärmen. Dann die Suppe mit dem Stabmixer fein pürieren und mit Salz, Pfeffer und Zitronensaft abschmecken. Auf Teller verteilen, jeweils ein paar kleine Kleckse von der abgenommenen Crème fraîche daraufgeben und mit der Brot-Nuss-Mischung bestreuen.

BESSER-ESSER-TIPP

Vegan und lactosefrei wird die Suppe, wenn man sie ohne Crème fraîche zubereitet und stattdessen 25 g Cashewnüsse mit den Äpfeln dazugibt.

WIRSING-PILZ-EINTOPF MIT BUCHWEIZEN

Das ist vegane Hausmannskost vom Besten: ein deftiger Eintopf, der Magen und Seele wärmt. Aromatischer Buchweizen und Pilze geben Aroma, wo früher Speck herhalten musste.

10 g getrocknete Steinpilze
80 g Buchweizen | Salz
1 kleine Möhre
1 Stück Lauch (ca. 70 g)
1 Zwiebel
1 Knoblauchzehe
150 g braune Champignons
400 g Wirsing
3 Zweige Thymian
2 EL Olivenöl | Pfeffer
1 EL Tomatenmark
⅛ l Weißwein (nach Belieben)
¼ TL ganzer Kümmel
½ l Gemüsebrühe

Für 2 Personen
Zubereitungszeit: 20 Min.
(30 Min. Ruhen, 40 Min. Kochen)
Pro Portion: 325 kcal,
13 g EW, 12 g F, 38 g KH

V GF LF

1 Die getrockneten Steinpilze in einer Schüssel mit ¼ l kochend heißem Wasser übergießen und 30 Min. darin ruhen und ziehen lassen. Anschließend die Steinpilze durch ein feines Sieb abgießen und das Einweichwasser auffangen, die Pilze fein hacken.

2 Von dem Einweichwasser 150 ml abmessen und in einem kleinen Topf aufkochen. Den Buchweizen hineingeben, aufkochen lassen, salzen und dann zugedeckt bei geringer Hitze in 20–25 Min. weich garen. Dann auf der ausgeschalteten Herdplatte noch ausquellen lassen. Vom Herd nehmen und zugedeckt ziehen lassen.

3 Inzwischen die Möhre schälen, längs vierteln und in kleine Stücke schneiden. Den Lauch längs halbieren, waschen und ebenfalls in kleine Stücke schneiden. Zwiebel und Knoblauch schälen und fein hacken. Die Champignons sauber abreiben, Stielenden abschneiden. Die Stiele herausdrehen und fein hacken, die Hüte in dicke Scheiben schneiden. Den Wirsing waschen und putzen, Strunk herausschneiden und den Wirsing in ca. 1½ cm breite Streifen schneiden. Thymian abbrausen und trocken schütteln, die Blättchen abzupfen und hacken.

4 Das Olivenöl in einem Topf erhitzen. Darin Zwiebel, Knoblauch, Möhre, Lauch und die Champignonstiele bei starker Hitze anbraten, salzen, pfeffern. Tomatenmark unterrühren und kurz anrösten. Mit der Hälfte des Weins (oder auch Wasser) ablöschen, einkochen lassen. Nochmals mit dem restlichen Wein ablöschen und wieder einkochen lassen. Dann die Steinpilze, Thymian, Kümmel, Wirsing und Champignonscheiben dazugeben, kurz anbraten und mit der Brühe und dem restlichen Pilzeinweichwasser ablöschen. Den Eintopf zugedeckt bei geringer bis mittlerer Hitze 35–40 Min. köcheln lassen.

5 Den Buchweizen in den heißen Eintopf geben und warm werden lassen. Anschließend den Eintopf auf Teller verteilen und servieren.

BESSER-ESSER-TIPP
Wer nicht unbedingt vegan und lactosefrei essen möchte, kann den Wirsing-Pilz-Eintopf noch mit etwas frisch geriebenem Käse (z. B. Bergkäse) bestreuen oder auch ein wenig saure Sahne daraufgeben.

FENCHEL-BOHNEN-SUPPE

1 große Möhre
2 Stangen Staudensellerie
1 großer Fenchel
1 Knoblauchzehe
5 Salbeiblätter (ersatzweise
¼ TL getrockneter Thymian)
2–3 EL Olivenöl
400 ml Gemüsebrühe
Salz | Pfeffer
1 Dose weiße Bohnen
(ca. 240 g Abtropfgewicht, z. B.
Cannellini-Bohnen)
2 dicke Scheiben Bauernbrot
2 Stängel Petersilie (nach Belieben)

Für 2 Personen
Zubereitungszeit: 30 Min.
Pro Portion: 365 kcal,
12 g EW, 16 g F, 40 g KH

V LF

1 Das Gemüse waschen oder schälen und putzen. Die Möhre längs vierteln und in kleine Stücke schneiden. Selleriestangen längs halbieren und in kleine Stücke schneiden. Fenchel längs sechsteln, dabei den Strunk wegschneiden. Fenchelspalten ebenfalls in kleine Stücke schneiden. Den Knoblauch schälen und halbieren, die eine Hälfte fein würfeln, die andere beiseitelegen. Die Salbeiblätter abbrausen.

2 In einem Topf 1 EL Olivenöl erhitzen. Darin das Gemüse und die Knoblauchwürfel unter Rühren anbraten, bis alles leicht zu bräunen beginnt. Die Brühe dazugießen, Salbei in den Topf geben, salzen, pfeffern. Alles zugedeckt bei mittlerer Hitze ca. 15 Min. kochen lassen.

3 Inzwischen die Bohnen in ein Sieb abgießen und abtropfen lassen. Die Brotscheiben nach Belieben toasten und mit dem beiseitegelegten Knoblauch einreiben. Je 1 Scheibe in einen tiefen Teller legen und mit wenig Olivenöl beträufeln.

4 Die Bohnen in die Suppe geben und kurz heiß werden lassen. Eventuell die Petersilie abbrausen und trocken schütteln, die Blättchen abzupfen und grob hacken. Die Suppe über das Brot geben und mit dem übrigen Olivenöl beträufeln. Zum Schluss nach Wunsch noch mit der Petersilie bestreuen.

LAZY CHILI

1 Zwiebel und Knoblauch schälen und fein würfeln. Stangensellerie waschen und putzen, die Stangen längs halbieren und in kleine Stücke schneiden. Zucchini waschen, putzen, längs vierteln und ebenfalls in kleine Stücke schneiden. Die Quinoa in ein Sieb geben und heiß abbrausen, damit sie die Bitterstoffe verliert.

2 Das Olivenöl in einem Topf erhitzen. Darin Zwiebel und Knoblauch andünsten. Sellerie und Zucchini dazugeben und unter Rühren 1–2 Min. anbraten. Mit passierten Tomaten und Gemüsebrühe ablöschen und Quinoa, Chilipulver und Oregano einrühren. Zugedeckt bei geringer Hitze 15 Min. köcheln lassen.

3 Die Kidneybohnen in ein Sieb abgießen und abbrausen, abtropfen lassen und in den Topf geben. Die Suppe weitere 5–10 Min. köcheln lassen, dann mit Salz und Pfeffer würzen. Das Chili auf Teller verteilen und nach Belieben Koriander hacken und darüberstreuen.

BESSER-ESSER-TIPP
Für ein nicht veganes und lactosefreies Chili dieses im Teller einfach mit je 1 Klecks saurer Sahne garnieren und dazu noch Nacho-Maischips zum Dippen servieren.

1 Zwiebel | 1 Knoblauchzehe
2 Stangen Staudensellerie
2 kleine Zucchini
50 g Quinoa | 2 EL Olivenöl
200 g passierte Tomaten
150 ml Gemüsebrühe
1 TL Chili-Gewürzmischung
½ TL getrockneter Oregano
1 Dose Kidneybohnen
(ca. 240 g Abtropfgewicht)
Salz | Pfeffer
2 EL Korianderblättchen
(nach Belieben)

Für 2 Personen
Zubereitungszeit: 15 Min.
(25 Min. Kochen)
Pro Portion: 355 kcal,
15 g EW, 13 g F, 43 g KH

V GF LF

DIY

GEMÜSEBRÜHE BESSER SELBER MACHEN

Am besten einen großen Topf davon kochen und portionsweise einfrieren – so hat man immer eine gesunde Brühe zur Hand, ganz ohne Geschmacksverstärker. Goodbye, guter alter Brühwürfel!

Das braucht's für ca. 1½ l Brühe:
1 Stange Lauch | 1 Stück Knollensellerie (ca. 150 g) | 250 g Möhren | 1 großer Fenchel | 3 Zwiebeln | 1 Knoblauch | 1 Bund Petersilie | 1 Lorbeerblatt | 3 EL Olivenöl | ½ TL schwarze Pfefferkörner | (Meer-)Salz

1 Alle Zutaten bereitlegen (Bild 1). Das Gemüse, Zwiebeln und Knoblauch waschen oder schälen, putzen und in grobe Stücke schneiden. Bio-Gemüse muss nicht geschält werden. Petersilie und Lorbeerblatt abbrausen und trocken schütteln.

2 Das Olivenöl in einem Topf erhitzen. Darin die Zwiebeln langsam andünsten, bis sie schön gebräunt sind, dann den Knoblauch und das Gemüse dazugeben und 2 Min. mitdünsten (Bild 2). Mit 2½ l Wasser ablöschen. Petersilie, Lorbeerblatt und Pfeffer dazugeben. Alles langsam zum Kochen bringen.

3 Die Temperatur reduzieren und die Brühe bei geringer Hitze ca. 45 Min. leicht köcheln lassen, dabei den eventuell entstehenden Schaum mit einem Löffel abschöpfen. Die fertige Brühe durch ein feines Sieb gießen und auffangen (Bild 3).

4 Die Brühe zurück in den Topf gießen und bei mittlerer Hitze offen auf ca. 1½ l einkochen lassen, sodass sie schön »würzig« wird und intensiv schmeckt, dann salzen. Brühe sofort verwenden oder auskühlen lassen und portionsweise einfrieren (Bild 4).

GEMÜSEBRÜHE IMMER MAL EIN BISSCHEN ANDERS

Einfach querbeet durch das Gemüseregal probieren und alles nehmen, was gerade Saison hat oder der Kühlschrank hergibt – gerne auch Reste! Am besten immer im Mix mit aromatischen Gemüsesorten wie Lauch, Sellerie oder Fenchel. Für eine aromatische Herbstbrühe etwa alles wie oben zubereiten, aber anstatt des Fenchels 200 g Champignons nehmen und 20 g Trockenpilze, 4 Zweige Thymian und 6 Wacholderbeeren mit dem Wasser zugeben.

1 Die Zutaten bereitlegen und vorbereiten. Wer möchte, kann sogar noch zusätzlich Bio-Gemüseschalen und -abschnitte von anderen Gerichten mit in die Brühe geben.

2 Ab und zu umrühren, damit das Gemüse von allen Seiten angedünstet wird.

3 Wer wirklich ganz klar sehen will, legt das Sieb noch mit einem Mulltuch aus.

4 Im Eiswürfelbehälter eingefroren sind kleine Würz-Brühwürfel immer schnell zur Hand.

SOMMER-EINTOPF MIT VOLLKORN-NUDELN

Ein Eintopf so bunt und so frisch wie der ganze Sommer: hier gibt es knackiges Gemüse satt. Getauscht werden kann natürlich immer, einfach nehmen, was gerade im Garten wächst oder auf dem Markt zu bekommen ist.

1 kleine Möhre
1 kleiner Kohlrabi
1 Stange Staudensellerie
1 kleiner Fenchel
1 kleiner (gelber) Zucchino
100 g grüne Bohnen
1 kleine Zwiebel
2 Knoblauchzehen
6–8 Zweige Thymian
2 EL Olivenöl
1½ EL Tomatenmark
¾ l Gemüsebrühe (selbst gemacht, siehe S. 94, oder aus gekörntem Pulver)
70 g Vollkornnudeln (z. B. Hörnchen) | Salz
4 EL Mandelblättchen
½ TL abgeriebene Bio-Zitronenschale | Pfeffer

Für 2 Personen
Zubereitungszeit: 25 Min. (+ 25 Min. Kochen)
Pro Portion: 420 kcal, 15 g EW, 23 g F, 36 g KH

V LF

1 Möhre und Kohlrabi schälen, die Möhre in dünne Scheiben, den Kohlrabi in 1 cm große Würfel schneiden. Den Staudensellerie waschen, putzen und ebenfalls in dünne Scheiben schneiden. Den Fenchel waschen, putzen und achteln, dabei den Strunk wegschneiden. Die Achtel in kleine Stücke schneiden. Den Zucchino waschen, putzen und in dünne Scheiben schneiden. Die Bohnen waschen, putzen und halbieren oder dritteln. Die Zwiebel und den Knoblauch schälen und getrennt fein würfeln. Thymian abbrausen und trocken schütteln, die Blättchen abzupfen und hacken.

2 In einem großen Topf 1½ EL Olivenöl erhitzen. Darin die Zwiebel und die Hälfte des Knoblauchs goldgelb andünsten. Tomatenmark dazugeben und unter Rühren kurz anrösten, dann sofort mit der Gemüsebrühe ablöschen. Vom Thymian 1 knappen TL abnehmen und beiseitelegen, den Rest mit dem übrigen vorbereiteten Gemüse in den Topf geben. Alles zugedeckt bei geringer Hitze 20–25 Min. köcheln lassen, bis das Gemüse weich ist.

3 Inzwischen die Nudeln in reichlich Salzwasser nach Packungsanweisung al dente kochen. Restliches Öl in einer kleinen Pfanne erhitzen. Darin die Mandelblättchen mit übrigem Knoblauch und Thymian bei geringer bis mittlerer Hitze goldbraun anrösten, herausnehmen. Die Zitronenschale unterrühren, die Mischung wenig salzen.

4 Den Eintopf mit Salz und Pfeffer würzen. Nudeln in ein Sieb abgießen, abtropfen lassen, zum Eintopf geben und 2–3 Min. darin ziehen lassen. Den Eintopf auf tiefe Teller verteilen, mit der Mandelmischung bestreuen und sofort servieren.

BESSER-ESSER-TIPP

Lust auf italienisches Flair? Alle, die nicht vegan oder lactosefrei essen möchten, können dann statt der Mandelmischung geriebenen Parmesan über den Eintopf streuen. Und wer noch etwas Pesto (aus dem Glas oder selbst gemacht, siehe S. 157) im Kühlschrank hat, gibt davon in jeden Suppenteller 1 EL und verrührt es vor dem Essen leicht mit dem Eintopf.

ASIA-NUDELSUPPE

In Asien haben Suppen Tradition: als schlanke Sattmacher und als Medizin für alle Arten von Zipperlein. Kein Wunder, bei der Menge an frischem Ingwer, feuriger Chilischärfe, bunten Gewürzen und aromatischen Kräutern.

Für die Brühe:
1 Stange Staudensellerie
1 große Möhre
1 Stück weißer Rettich (ca. 120 g)
1 Zwiebel | 2 Knoblauchzehen
50 g Ingwer
2 Stangen Zitronengras
1 kleine rote Chilischote
1 Bund Koriandergrün (mit Wurzeln)
2 EL Öl
3 Sternanise | 1 Stange Zimt

Für die Einlage:
70 g asiatische breite Reisnudeln
2 Stauden Pak Choi (à 100 g)
80 g Shiitake-Pilze
80 g Mungbohnensprossen
4 Stängel Thai-Basilikum
3 Frühlingszwiebeln
1–2 rote Chilischoten
1 Bio-Limette | 100 g TK-Edamame

Für 2 Personen
Zubereitungszeit: 35 Min. (+ 45 Min. Kochen)
Pro Portion: 405 kcal, 16 g EW, 14 g F, 52 g KH

V LF

1 Für die Brühe den Sellerie waschen und putzen, Möhre und Rettich schälen (bei Bioware nicht nötig, einfach nur gründlich waschen). Sellerie und Möhre in kleine Stücke, Rettich in grobe Stücke schneiden. Zwiebel, Knoblauch und Ingwer schälen. Die Zwiebel in Ringe schneiden, den Knoblauch in Scheiben. Zitronengras und Chili waschen und putzen. Zitronengras und Ingwer mit einem Mörserstößel anquetschen. Die Wurzeln vom Koriandergrün abschneiden und gründlich waschen, das Grün beiseitelegen.

2 In einem Topf das Öl erhitzen. Darin die Zwiebel so lange braten, bis sie schön gebräunt ist. Knoblauch, Möhre und Sellerie dazugeben und unter Rühren 2–3 Min. anbraten, dann 1 l Wasser aufgießen. Rettich, Ingwer, Zitronengras, Chili, Korianderwurzeln, Sternanise und Zimtstange dazugeben. Die Brühe bei geringer Hitze zugedeckt ca. 45 Min. köcheln lassen.

3 Für die Einlage die Nudeln nach Packungsanweisung garen und in einem Sieb abtropfen lassen. Pak Choi waschen, putzen und in die einzelnen Blätter teilen, große Blätter kleiner schneiden. Die Stiele aus den Pilzen drehen und die Hüte in breite Streifen schneiden. Die Sprossen abbrausen und abtropfen lassen. Thai-Basilikum und Koriandergrün abbrausen und trocken schütteln, die Blätter abzupfen und grob zerzupfen. Frühlingszwiebeln waschen, putzen und mit dem dunklen Grün in feine Ringe schneiden. Chilischoten waschen, putzen, längs halbieren, entkernen und in feine Streifen schneiden. Die Limette heiß waschen und in dünne Scheiben schneiden.

4 Die fertige Brühe durch ein feines Sieb abgießen und auffangen, dabei das Gemüse gut ausdrücken. 700 ml Brühe zurück in den Topf geben und erhitzen. Darin die tiefgefrorenen Edamame 10 Min. garen. Dann Pak Choi und Pilze dazugeben und bei geringer Hitze kurz mitgaren. Nudeln und Sprossen auf Suppenschüsseln verteilen und die heiße Suppe darüberlöffeln. Nun noch – ganz nach Geschmack – mit Kräutern, Frühlingszwiebeln und Chili bestreuen. Die Limettenscheiben einlegen oder den Saft über die Suppe träufeln.

WAS MIT DEM REST DER BRÜHE MACHEN?
Einfach auskühlen lassen und dann einfrieren – am besten in Eiswürfelbereitern, so hat man später ganz fix würzige »Asia-Brühwürfel« parat.

STECKRÜBEN-CURRY-EINTOPF

1 kleine Steckrübe (ca. 400 g)
2 Stangen Staudensellerie
1 Möhre | 1 Zwiebel
1 Knoblauchzehe | 2 EL Olivenöl
1 EL indische Currypaste (ersatzweise 1–1½ EL Currypulver)
60 g gelbe Linsen
200 g stückige Tomaten (aus der Dose)
½ l Gemüsebrühe
Salz | Pfeffer
3 EL Korianderblättchen (nach Belieben)

Für 2 Personen
Zubereitungszeit: 20 Min. (+ 30 Min. Kochen)
Pro Portion: 310 kcal, 12 g EW, 11 g F, 36 g KH

V GF LF

1 Die Steckrübe schälen und in ca. 1 cm große Würfel schneiden. Selleriestangen waschen, putzen, längs halbieren und in kleine Stücke schneiden. Möhre schälen, längs vierteln und ebenfalls in kleine Stücke schneiden. Zwiebel und Knoblauch schälen und fein würfeln.

2 Das Olivenöl in einem Topf erhitzen. Darin Zwiebel und Knoblauch andünsten. Steckrübe, Möhre und Sellerie dazugeben und unter Rühren kräftig anbraten. Currypaste unterrühren und kurz anrösten, dann die Linsen unterrühren. Die Tomaten dazugeben und unter Rühren 2 Min. köcheln lassen. Zum Schluss die Brühe angießen, salzen und pfeffern.

3 Den Eintopf zugedeckt bei mittlerer Hitze 25–30 Min. köcheln lassen. Mit Salz und Pfeffer abschmecken, nach Belieben Koriander hacken und darüberstreuen.

BESSER-ESSER-TIPP

Dieser herrlich würzige Eintopf schmeckt mit ein bisschen Sahnejoghurt als Topping fast noch mal so gut. Wer also nicht unbedingt auf vegan und lactosefrei festgelegt ist, gibt jeweils 1 Klecks davon in seinen Teller.

MÖHRENCREMESUPPE

1 Die Möhren schälen und in dünne Scheiben schneiden. Die Schalotten schälen und fein würfeln. Den Ingwer und die Kurkuma schälen und grob würfeln (dazu am besten Einweghandschuhe tragen, frische Kurkuma färbt intensiv gelb).

2 Das Kokosöl in einem Topf erhitzen. Darin die Schalotten andünsten. Möhren dazugeben, mit Salz und Pfeffer würzen und kurz unter Rühren mitdünsten. Ingwer, Kurkuma und die Brühe dazugeben und alles zugedeckt bei mittlerer Hitze 20–25 Min. kochen lassen.

3 Die Sonnenblumenkerne in einer Pfanne anrösten, herausnehmen und abkühlen lassen. Die Suppe mit Mandarinensaft, Salz und Pfeffer abschmecken. Noch 2 Min. weiterkochen lassen, dann fein pürieren.

4 Die Möhrencremesuppe auf Schalen oder Teller verteilen. Je 1 großen Klecks Joghurt daraufgeben und mit Sonnenblumenkernen und nach Belieben Dill bestreuen.

350 g Möhren
2 Schalotten
1 Stück Ingwer (ca. 3 cm)
1 Stück Kurkuma (ca. 10 g, ersatzweise ¾ TL gemahlene Kurkuma)
1 EL Kokosöl
Salz | Pfeffer
½ l Gemüsebrühe
2 EL Sonnenblumenkerne
Saft von 1 Mandarine
3 EL Naturjoghurt
2 EL gehackter Dill (nach Belieben)

Für 2 Personen
Zubereitungszeit: 10 Min. (+ 25 Min. Kochen)
Pro Portion: 215 kcal, 6 g EW, 12 g F, 18 g KH

GF

SCHNELLES KICHERERBSEN-CURRY

1 Zwiebel | 1 Knoblauchzehe
1 Stück Ingwer (ca. 3 cm)
2 EL Sonnenblumenöl
1 TL gemahlener Koriander
1½ TL gemahlener Kreuzkümmel
½ TL gemahlene Kurkuma
⅓ TL Chiliflocken | Salz
200 g stückige Tomaten (Dose)
1 Dose Kichererbsen (ca. 240 g Abtropfgewicht)
½ TL Agavendicksaft
½ TL Garam Masala
2 EL Korianderblättchen
½ Bio-Limette (nach Belieben)

Für 2 Personen
Zubereitungszeit: 15 Min. (+ 30 Min. Kochen)
Pro Portion: 205 kcal, 7 g EW, 12 g F, 17 g KH

V GF LF

1 Die Zwiebel, den Knoblauch und den Ingwer schälen und möglichst klein würfeln. Das Sonnenblumenöl in einem Topf erhitzen. Darin die Zwiebel bei mittlerer Hitze langsam goldbraun braten. Knoblauch und Ingwer gegen Ende unterrühren und kurz mitbraten.

2 Dann gemahlenen Koriander und Kreuzkümmel, gemahlene Kurkuma und die Chiliflocken unterrühren und unter Rühren kurz mitrösten, salzen. Die Tomaten und 50 ml Wasser dazugeben und alles gründlich durchrühren. Zugedeckt bei mittlerer Hitze 25–30 Min. kochen lassen – die Mischung sollte richtig schön einkochen.

3 Die Kichererbsen in ein Sieb abgießen und abbrausen, abtropfen lassen. Die Tomaten mit Agavendicksaft abschmecken und das Garam Masala unterrühren. Kichererbsen dazugeben und 5 Min. bei geringer Hitze durchziehen und heiß werden lassen. Das Curry eventuell mit Salz abschmecken.

4 Das Kichererbsen-Curry auf Teller oder Schüsseln verteilen und mit dem Koriandergrün bestreuen. Nach Belieben die Limette heiß waschen, in Schnitze schneiden und zum Curry servieren – wer will, träufelt sich Limettensaft darüber. Am besten Reis dazu reichen.

GELBES KOKOS-LINSEN-CURRY

1 Die Möhren schälen und in kleine Würfel schneiden. Zwiebel, Knoblauch und Ingwer schälen und fein würfeln. Die Chilischote waschen, putzen und mit den Kernen fein hacken. Die Tomate waschen und in kleine Stücke schneiden, dabei den Stielansatz entfernen und den ablaufenden Saft auffangen.

2 Das Kokosöl in einem Topf erhitzen. Darin den Kreuzkümmel bei geringer Hitze anrösten. Die Zwiebel und Möhren dazugeben und unter Rühren bei mittlerer Hitze andünsten. Dann Ingwer, Knoblauch und Chili dazugeben und kurz mitdünsten. Zuletzt das Currypulver und die Linsen untermischen und kurz unter Rühren mitrösten. Die Tomate samt Saft dazugeben und 200 ml Wasser dazugießen.

3 Die Kokosmilch bis auf einen kleinen Rest unterrühren, mit Salz würzen. Das Curry zugedeckt 25–30 Min. kochen lassen, bis die Linsen weich sind, dabei ab und zu umrühren. Zuletzt die übrige Kokosmilch unterrühren. Mit Salz und Limettensaft abschmecken, Koriander grob hacken und darüberstreuen.

NOCH BESSER WÜRZEN

Anstatt des fertig gekauften Currypulvers je 1 TL gemahlenen Koriander und Kreuzkümmel sowie ½ TL gemahlene Kurkuma verwenden. Außerdem noch ½ TL schwarze Senfsamen mit dem Kreuzkümmel anrösten.

2 Möhren | 1 Zwiebel
1 Knoblauchzehe
1 Stück Ingwer (ca. 3 cm)
1 grüne Chilischote
1 große Tomate
1 EL Kokosöl
½ TL ganzer Kreuzkümmel
1–2 TL Currypulver
150 g gelbe Linsen
400 ml Kokosmilch | Salz
2–3 EL Limettensaft
3 EL Korianderblättchen

Für 2 Personen
Zubereitungszeit: 15 Min. (+ 30 Min. Kochen)
Pro Portion: 700 kcal, 26 g EW, 42 g F, 52 g KH

V GF LF

BULGUR-BOWL MIT SCHARFEN SÜSSKARTOFFELN

Die Süßkartoffeln sind hier zwar das Aufwendigste, aber auch aromatischer Mittelpunkt. Wem die Schärfe zu viel ist, mildert sie mit einem zusätzlich Klecks Naturjoghurt.

Für die Süßkartoffel:
450 g Süßkartoffeln | Salz
¼ TL Chilisauce (z. B. Sriracha)
2 EL Tomatenketchup
2 EL Sojasauce
1 TL Ahornsirup
2 EL Olivenöl
1 EL Limettensaft | Pfeffer

Für die Bowls:
Salz | 80 g Bulgur
1 Stück Rotkohl (ca. 100 g)
Pfeffer | 1 EL Weißweinessig
300 g Blattspinat
1 Knoblauchzehe
1 Dose Kidneybohnen (ca. 140 g Abtropfgewicht)
1 EL Olivenöl
2 EL Korianderblättchen (nach Belieben)

Für 2 Personen
Zubereitungszeit: 45 Min.
Pro Portion: 620 kcal, 18 g EW, 18 g F, 94 g KH

LF

1 Die Süßkartoffeln schälen und in 1 cm dicke Scheiben schneiden. Ausreichend Wasser in einem Topf erhitzen, salzen. Darin die Süßkartoffelscheiben bei geringer Hitze in 20–30 Min. weich garen – sie sollte aber noch nicht zu weich werden. In ein Sieb abgießen, abtropfen und etwas abkühlen lassen.

2 Inzwischen für die Bowls 150 ml Wasser aufkochen, salzen. Bulgur dazugeben und zugedeckt bei geringer Hitze in 20–25 Min. gar kochen, dabei am Ende am besten nur noch bei ausgeschalteter Herdplatte quellen lassen.

3 Währenddessen den Rotkohl waschen, Strunk herausschneiden und den Kohl in feine Streifen schneiden oder raspeln. In einer Schüssel mit 1 kräftigen Prise Salz, Pfeffer und dem Essig mischen und gut mit den Händen durchkneten, sodass er weich wird. Dann den Kohl ziehen lassen, bis er gebraucht wird. Spinat verlesen, waschen und gut abtropfen lassen. Den Knoblauch schälen und fein hacken.

4 Den Grill des Backofens vorheizen. Ein Backblech mit Backpapier auslegen. Chilisauce mit Ketchup, Sojasauce, Ahornsirup, Olivenöl und Limettensaft verrühren, salzen, pfeffern. Die Süßkartoffelscheiben darin wenden, dann nebeneinander auf dem Blech verteilen. In den Ofen (oben) schieben und unter dem Grill in 5–10 Min. bräunen, dabei einmal wenden und mit der übrigen Marinade bepinseln.

5 Die Bohnen in ein Sieb abgießen, abbrausen und abtropfen lassen. Das Öl in einem Topf erhitzen, darin den Knoblauch andünsten. Den Spinat dazugeben und bei starker Hitze zusammenfallen lassen, salzen und pfeffern.

6 Den Bulgur auf Schüsseln verteilen, darauf Bohnen, Spinat, Rotkohl und Süßkartoffeln verteilen und alles nach Belieben mit Koriandergrün bestreuen.

REISNUDEL-BOWL MIT SMOKY TEMPEH

Im Sommer erfrischt diese Bowl dank der Kräuter und Gemüserohkost, aber auch im Winter ist sie mit reichlich Chilischärfe einfach herzerwärmend gut.

Für die Bowls:
125 g asiatische Reisnudeln
1 Mini-Romanasalat
1 Mini-Salatgurke
1 Möhre
1 kleine rote Paprikaschote
2 Frühlingszwiebeln
3 EL grob gehacktes Koriandergrün
1 EL grob gehackte Minze
Für die Würzsauce:
1 kleine rote Chilischote
3 EL Tamari (glutenfreie Sojasauce)
4 EL Limettensaft
1 TL Rohrohrzucker
Für den Tempeh:
200 g Tempeh
1 Knoblauchzehe
Öl zum Braten
1 EL Ahornsirup
2 EL Tamari (glutenfreie Sojasauce)
3 EL Barbecue-Sauce (Smoked Flavour)

Für 2 Personen
Zubereitungszeit: 25 Min.
Pro Portion: 535 kcal, 30 g EW, 9 g F, 90 g KH

V GF LF

1 Für die Bowls die Nudeln nach Packungsanweisung garen, in ein Sieb abgießen, kalt abbrausen und abtropfen lassen. Währenddessen Salat putzen, in die einzelnen Blätter teilen, waschen und trocken schleudern. Die Blätter quer in dünne Streifen schneiden. Die Gurke waschen, längs halbieren und in dünne Scheiben schneiden. Die Möhre schälen und grob raspeln. Die Paprika vierteln, putzen, waschen und in dünne Streifen schneiden. Frühlingszwiebeln waschen, putzen und mit dem dunklen Grün in feine Ringe schneiden.

2 Für die Würzsauce die Chilischote waschen, putzen, längs halbieren, von den Kernen befreien und in möglichst feine Streifen schneiden. Mit Tamari, Limettensaft, Zucker und 4 EL Wasser verrühren, bis sich der Zucker aufgelöst hat.

3 Den Tempeh in knapp 1 cm breite Scheiben schneiden. Knoblauch schälen. Zum Braten reichlich Öl in eine Pfanne geben und heiß werden lassen. Den Tempeh darin auf jeder Seite bei mittlerer bis starker Hitze in ca. 3 Min. dunkelbraun und knusprig braten, herausnehmen und auf Küchenpapier gut abtropfen lassen.

4 Das Öl bis auf einen kleinen Rest aus der Pfanne gießen. Wieder heiß werden lassen, Knoblauch dazupressen und ganz kurz braten. Ahornsirup, Tamari und 80 ml Wasser dazugießen und die Barbecue-Sauce einrühren. Alles bei mittlerer Hitze dickflüssig einkochen lassen. Dann Tempeh hineingeben und 2–3 Min. darin glasieren und heiß werden lassen, dabei immer wieder wenden. Am Ende sollte die Flüssigkeit zähflüssig eingekocht und fast ganz vom Tempeh aufgenommen sein.

5 Die Nudeln auf Schüsseln verteilen. Salat, Gurke, Möhre, Paprika und Frühlingszwiebeln mischen und daraufgeben, warmen Tempeh auflegen, die Kräuter darüberstreuen. Vor dem Essen noch die Würzsauce gleichmäßig darübergießen und alles gründlich vermischen.

DIY

BOWLS BAUEN
BESSER SELBER MACHEN

Bowls sind DIE neuen Teller: In sie wandert alles, was man zum Satt- und Zufriedensein braucht. Manche nennen sie auch Buddha-Bowls, vielleicht weil man nach dem Verzehr des Inhalts so glücklich wie ihr asiatischer Namensgeber lächelt.

Bowls sind wirklich absolute Lieblinge, weil sie im Idealfall alle Nährstoffe, die wir brauchen, perfekt in einem Gericht vereinen. Dazu sind sie mit den unterschiedlichen Texturen ihrer Zutaten ein echtes Erlebnis für die Sinne: wenig, aber ausreichend gute Kohlenhydrate als Grundlage, darauf bergeweise Gemüse (als knackige Rohkost und gegart), dazu noch Hülsenfrüchte, Tofu, Eier oder Ähnliches, das uns unsere Eiweiß-Tagesration liefert. Und on top: eine feine Sauce oder Creme, die für Verbindung sorgt.

Erlaubt ist, was gefällt – darum: Welcome to the colourful world of Buddha-Bowls! Wer wenig Zeit hat, stellt sich einfache Bowls mit drei bis vier Komponenten zusammen. Und wer richtig schlemmen will, gönnt sich eine Super-Bowl mit allem drum und dran. Einen Bauplan dafür gibt es auf der Seite rechts, Rezepte unten.

Lazy Bowl: 1 Portion Couscous mit Radieschengemüse (siehe S. 124) und frisch geraspelten Möhren und Gurkenscheiben belegen. Vegetarier geben dazu 1 hart gekochtes Ei in dünnen Scheiben, Veganer grob gewürfelten Cashewnusskäse (siehe S. 20) oder Räuchertofu. Mit Sonnenblumenkernen bestreuen oder sich 1 Klecks Hummus (siehe S. 145) dazu gönnen.

Easy Bowl: 1 Portion Vollkornreis oder Wildreismischung mit ein wenig Kichererbsen-Curry (siehe S. 102) belegen. Darauf ½ Avocado in Scheiben, etwas gedünsteten Spinat oder Brokkoli oder 1 gegarte Rote Bete in Würfeln geben und mit klein gezupftem Rucola toppen.

Hot Bowl: 1 Portion Wildreismischung oder Quinoa mit Tandoori-Blumenkohl (siehe S. 139) belegen. Darauf kommen dann Röst-Kichererbsen (siehe S. 50), ein paar Tomatenscheiben und Gurkenscheiben, in feine Ringe geschnittene Frühlingszwiebeln und etwas Kürbiskerncreme (siehe S. 145).

Super-Bowl: 1 Portion Quinoa oder Hirse mit scharfem Ofen-Tofu (siehe S. 110) und Sesambohnen (siehe S. 130) belegen und Pickles-Gemüse (siehe S. 42) dazugeben. Darauf 1 Handvoll Sprossen und Baby-Leaf-Salatmischung streuen sowie nach Belieben noch ein wenig Tofunaise (siehe S. 140) verteilen.

1 Die Basis bilden die guten, alten »Sättigungsbeilagen«: Reis, Nudeln und Getreide wie Instant-Couscous oder Shootingstar Quinoa. Pro Person reichen im Regelfall 50–70 g (ungekocht).

2 Gemüse in roher Form sorgt für den gesunden Crunch-Faktor. Am besten fein geraspelt oder in dünnen Scheiben, eventuell mit wenig (Salat-)Dressing oder Salz und Pfeffer angemacht.

3 Dazu kommt dann Gemüse in gegarter Form: gedünstet, gedämpft oder schön mit Röstaroma aus Ofen oder Pfanne.

4 Hülsenfrüchte sind ideal, da man sie nicht nur zubereitet, sondern auch ganz fix und einfach mal so aus der Dose nehmen kann.

5 Eier, Käse und Joghurt sind perfekte zusätzliche Eiweißquellen für alle Vegetarier.

6 Saucen oder Dips verbinden das Ganze, denn am Ende wollen viele einfach nur eines: alles kräftig mischen.

OFEN-TOFU

Die perfekte fettarme Alternative zu frittiertem Tofu: Ofen-Tofu schmeckt solo nur mit einem Dip, als Beilage zu Wokgemüse und auch in Suppen oder Currys, wo er sich aromasatt vollsaugen kann.

200 g fester Tofu
1 Knoblauchzehe
1 Stück Ingwer (ca. 2 cm)
1 EL Weißwein- oder Reisessig
2 EL Tamari (glutenfreie Sojasauce)
1 EL Sonnenblumenöl
½ TL Chilisauce (z. B. Sriracha)
2 EL Speisestärke

Für 2 Personen
Zubereitungszeit: 10 Min.
(+ 8 Std. Ruhen, 40 Min. Garen)
Pro Portion: 230 kcal,
13 g EW, 14 g F, 20 g KH

V GF LF

1 Den Tofu trocken tupfen, in Küchenpapier einschlagen und in eine flache Schale legen. Ein Schneidebrett auf den Tofu legen und beschweren (z. B. mit Konservendosen). Den Tofu so ca. 2 Std. stehen und ruhen lassen, damit möglichst viel Flüssigkeit herausgedrückt wird. Anschließend nochmals gut trocken tupfen.

2 Knoblauch schälen und in einen Gefrierbeutel pressen. Ingwer schälen, fein würfeln oder reiben und mit Essig, Tamari, Öl und Chilisauce ebenfalls in den Beutel geben. Alles gut vermischen. Den Tofu in 1 cm breite Streifen schneiden und in die Marinade geben. Den Beutel verschließen (mit einem Plastikclip) und den Tofu im Kühlschrank mindestens 6 Std. (oder über Nacht) durchziehen lassen, dabei möglichst ein- bis zweimal in der Marinade wenden.

3 Den Backofen auf 180° vorheizen. Ein Backblech mit Backpapier auslegen. Tofu in ein Sieb abgießen und abtropfen lassen, auf Küchenpapier legen, trocken tupfen und rundherum mit Speisestärke bestäuben. Dann auf das Blech geben und im Ofen (Mitte) in ca. 40 Min. braun und knusprig backen, dabei möglichst mehrmals wenden.

TOFU LIEBER MEDITERRAN?

Dafür 1 durchgepresste Knoblauchzehe mit 1 TL getrocknetem Thymian, 2 Msp. Chiliflocken, ¼ TL gemahlenem Kreuzkümmel, 1 EL Zitronensaft und 1 EL Olivenöl mischen und die Marinade mit Salz und Pfeffer würzen. Den Tofu darin wie beschrieben durchziehen lassen, dann backen. Passt perfekt zum Sommer-Ofengemüse (siehe Variante S. 114).

BESSER, WEIL ... Tofu meist erst durchs Frittieren richtig Aroma bekommt, sich dabei aber wie ein kleiner Schwamm mit Fett vollsaugt. Hier wird der Tofu mariniert und im Ofen geröstet – was ihn viel fettärmer macht und dazu noch schön würzig.

SO-JA ODER LIEBER NEIN ZU SOJA?

BESSER WISSER

GRILLEN AM WOCHENENDE? DANN BRING ICH DIE SOJAWÜRSTE MIT.

Wenn Du möchtest. Muss aber nicht sein, es gibt jede Menge Gemüse, marinierten Tofu und auch Fleisch, für alle, die mögen.

IST NORMALER TOFU DENN BESSER ALS SOJAWURST?

Zumindest weiß man dann genau, was wirklich drin ist. Tofu sollte nämlich nur aus Sojamilch bestehen. Sojawürstchen, -schnitzel oder auch andere Fleisch-Ersatzprodukte enthalten neben Gewürzen zusätzlich noch Bindemittel, sehr häufig teilweise gehärtete Fette, Zucker, Salz – oftmals in viel zu hohen Mengen.

Sojawürstchen

WORAUS BESTEHEN DENN ANDERE SOJA-PRODUKTE?

Im besten Fall wirklich nur aus Sojabohnen. Für Sojamilch werden sie einfach in Wasser eingeweicht und gefiltert. Die Milch ist Grundlage für Tofu, Joghurt und andere Soja-»Milchprodukte«. Für Tempeh werden die gegarten Bohnen mit einem speziellen Pilz geimpft – ähnlich wie man das bei Edelschimmelkäse macht. Sojagranulat besteht meist nur aus gerösteten und gemahlen Bohnen, wohingegen Sojabohnen bei »Sojafleisch« fürs Sojagulasch erst noch durch ein aufwendiges technisches Verfahren gejagt werden.

Kein Soja: Seitan

UND SEITAN?

Das ist zwar ein sehr gängiger Fleischersatz, allerdings besteht Seitan nicht aus Soja, sondern aus Weizeneiweiß, aus Gluten. Wer glutensensibel ist, sollte also besser Sojaprodukte nehmen.

IST SOJA EIN GUTER ERSATZ FÜR FLEISCH? BRAUCHEN VEGETARIER SOJA?

Soja kann Fleisch tatsächlich ganz gut ersetzen. Es liefert reichlich Eiweiß, ist fettarm und enthält im Vergleich zu vielen tierischen Produkten wie Eiern oder rotem Fleisch kein Cholesterin. Dafür stecken in Soja reichlich gesunde Fettsäuren, Vitalstoffe wie Kalzium, Magnesium, Vitamin E, B-Vitamine und Spurenelemente wie Folsäure und Selen – allerdings nicht im Übermaß. Sojamilch bringt zum Beispiel weit weniger Kalzium als ein Glas Kuhmilch; deshalb wird ihr Kalzium oft extra zugesetzt. Und wer Vollkornprodukte isst, wird damit genauso gut mit B-Vitaminen und Folsäure versorgt. Wer nicht gerade einen veganen Speiseplan hat, sondern einen ausgewogen vegetarischen, kann also prinzipiell auch gut ohne Soja auskommen.

SOJA HAT ABER NOCH ANDERE INHALTSSTOFFE, DIE IN LETZTER ZEIT INS GEREDE GEKOMMEN SIND.

Ja, die in Soja enthaltenen Isoflavone. Das sind sekundäre Pflanzenstoffe, die eine ähnliche Wirkung wie das weibliche Hormon Östrogen haben und deshalb auch »Phytoöstrogene« oder »Phytohormone« genannt werden. Der Verdacht, dass sie Brustkrebs fördern oder bei Männern zu Unfruchtbarkeit führen können, gilt inzwischen als wissenschaftlich unbegründet. Lediglich Krebspatienten und vorbelasteten Frauen in den Wechseljahren empfiehlt man, Soja nicht im Übermaß zu essen. Das heißt aber konkret: nicht mehr als 25 g Sojaprotein, was als normale Tagesempfehlung gilt und völlig unbedenklich ist – also zum Beispiel 300 g Tofu oder 800 ml Sojamilch.

DÜRFEN BABYS SOJAMILCH TRINKEN?

Hier raten Mediziner tatsächlich ab. Bei Kleinkindern wäre die aufgenommene Menge an Phytohormonen im Vergleich zum Körpergewicht sehr hoch. Säuglinge sollten also wirklich nur in begründeten Ausnahmefällen mit Sojamilch ernährt werden.

UND WIE IST ES MIT GENMANIPULIERTEM SOJA, MUSS ICH DA AUFPASSEN?

Hier reguliert offensichtlich der Markt selbst das Problem. Da viele Käufer äußerst wachsam und sensibilisiert sind, verzichten die meisten Hersteller schon von alleine auf Gen-Soja. Außerdem muss es bei Sojaprodukten explizit ausgewiesen werden – allerdings nur darin. Dagegen leider nicht in allen Produkten von Tieren, die mit genmanipuliertem Soja gefüttert werden, also Fleisch, Eier, Milch.

Tempeh aus Sojabohnen

WINTER-OFENGEMÜSE

Im Ofen gegartes Gemüse ist inzwischen ein Klassiker und Evergreen: Einfach und unendlich variabel lässt sich auf diese Weise Gemüse auch in großer Menge zubereiten. Am besten so viel, dass gleich etwas für die Antipasti am nächsten Tag übrig bleibt.

1 großer Fenchel
1 große Möhre
200 g kleine Pastinaken
2 kleine Rote Beten
1 kleine Stange Lauch
1 rote Zwiebel
1 Knoblauchzehe
4 Bio-Kumquats (ersatzweise 1 Bio-Clementine)
2 Zweige Thymian
Saft von 1 Clementine
2 EL Olivenöl
1 TL (körniger) Dijon-Senf
2 Msp. Chiliflocken
Salz | Pfeffer
150 ml Gemüsebrühe

Für 2 Personen
Zubereitungszeit: 20 Min. (+ 45 Min. Garen)
Pro Portion: 285 kcal, 7 g EW, 12 g F, 36 g KH

V GF LF

1 Den Backofen auf 190° vorheizen. Das Gemüse waschen oder schälen und putzen. Den Fenchel in schmale Spalten, die Möhre schräg in 3 mm dicke Scheiben, die Pastinaken in 1 cm dicke Stifte, die Roten Beten in Achtel und den Lauch in 2 cm dicke Ringe schneiden. Zwiebel und Knoblauch schälen, die Zwiebel längs in Achtel schneiden, den Knoblauch in feine Scheiben. Die Kumquats waschen und quer in dünne Scheiben schneiden, dabei die Kerne entfernen (die Clementine quer in Scheiben schneiden und diese halbieren).

2 Alle vorbereiteten Zutaten auf ein (möglichst tiefes) Blech, in einen großen Bräter oder eine Auflaufform geben und gleichmäßig verteilen.

3 Thymian abbrausen und trocken schütteln, die Blättchen abzupfen und eventuell hacken. Clementinensaft, Olivenöl und Senf mit Thymian und Chiliflocken verrühren, zum Gemüse geben und alles gründlich miteinander vermengen. Mit Salz und Pfeffer würzen. Im Ofen (Mitte) 35–45 Min. garen, bis das Gemüse weich und gebräunt ist. Dabei ein- bis zweimal mit einem Löffel durchmischen und nach 15 Min. die Brühe dazugießen.

BESSER SOMMER-OFENGEMÜSE?
Auch im Sommer bekommt der Ofen nicht hitzefrei: Zu einladend ist das umfangreiche Angebot an aromatischem Gemüse. Hier passen besonders gut Fenchel, kombiniert mit Paprikaschoten, Zucchini, Kirschtomaten und eventuell Auberginen. Alles wie beschrieben mit dem Knoblauch (es dürfen auch mal 2 Zehen sein) und der Zwiebel mischen. 75 ml Weißwein mit 3 EL Olivenöl, 1 EL gehacktem Thymian, 1 TL gehacktem Rosmarin, Salz und reichlich Pfeffer zur Marinade verrühren. Mit 8–10 schwarzen Oliven unter das Gemüse mischen und wie beschrieben garen.

… hier ein ganzer Gemüseberg gemütlich mit wenig Öl und nur im eigenen, aromatischen Saft vor sich hin gart. Erst einmal geputzt, macht das Gemüse keine Arbeit mehr – und es schmeckt solo oder passt zu vielen Gerichten.

BESSER, WEIL

BIBIMBAP

KOREANISCHE REIS-BOWL

Die sollte man sich unbedingt gönnen, auch wenn es im Vorfeld einiges zu tun gibt. Wer mag, macht die marinierten Gemüse in größerer Menge und lädt noch Gäste ein.

1 große Möhre
1 Stück weißer Rettich (ca. 100 g)
100 g Kräuterseitlinge oder braune Champignons
5 Blätter Grünkohl
2 Knoblauchzehen
3 Frühlingszwiebeln
3 EL Tamari (glutenfreie Sojasauce)
⅔ TL Chiliflocken
2 EL Sesamöl | Salz
1 EL Reis- oder Weißweinessig
2 Prisen Zucker
3 EL Sonnenblumenöl | Pfeffer
150 g Wildreismischung oder Vollkornreis
2 EL (Genmai-)Misopaste
½ TL Chilisauce (z. B. Sriracha)
2 Eier (M)
1 Portion Kimchi (50–100 g, siehe S. 118)
1 EL Sesamsamen

Für 2 Personen
Zubereitungszeit: 1 Std. (+ 1 Std. Ruhen)
Pro Portion: 780 kcal, 28 g EW, 43 g F, 79 g KH

GF LF

1 Die Möhre und den Rettich schälen und in feine Streifen schneiden oder hobeln. Die Pilze putzen und in 4 mm dicke Scheiben schneiden. Grünkohl gründlich waschen und trocken schütteln. Die Blätter in mundgerechten Stücken von den Stielen zupfen (faserige Teile entfernen). Knoblauch schälen und fein würfeln. Die Frühlingszwiebeln waschen, putzen und die weißen und grünen Teile getrennt schräg in dünne Ringe schneiden.

2 Die Möhre mit 1 EL Tamari, der Hälfte der Chiliflocken, einem Viertel des Knoblauchs, der Hälfte des Zwiebelgrüns, ½ EL Sesamöl und ein wenig Salz mischen und kräftig durchkneten. Den Rettich mit Essig, 1 Prise Zucker, einem weiteren Viertel des Knoblauchs, übrigen Chiliflocken und der Hälfte der weißen Zwiebelringe mischen, salzen und kräftig durchkneten.

3 In einer kleinen Pfanne 1½ EL Sonnenblumenöl erhitzen. Darin die Pilze mit einem Viertel des Knoblauchs unter Rühren braten, bis sie leicht gebräunt sind, salzen und pfeffern. Vom Herd nehmen und mit gut der Hälfte des übrigen Zwiebelgrüns mischen. Pfanne säubern, ½ EL Sonnenblumenöl erhitzen, übrigen Knoblauch und den Grünkohl hineingeben und unter Rühren anbraten. Mit restlicher Tamari ablöschen, weiterrühren, 3 EL Wasser dazugeben und den Kohl bei mittlerer Hitze in 2–3 Min. bissfest garen. Vom Herd nehmen, ½ EL Sesamöl und etwas Zwiebelgrün unterrühren. Alle marinierten Gemüse jetzt ruhen und durchziehen lassen – ideal ist 1 Std., ansonsten bis der Reis gegart ist.

4 Reis nach Packungsanweisung garen, dann falls nötig abgießen, warm halten. Zwischendurch für die Sauce Misopaste mit Chilisauce, übrigem Sesamöl, 3 EL Wasser und restlichem Zucker glatt verrühren. 1 TL weiße Zwiebelringe fein hacken und unterrühren. Das restliche Sonnenblumenöl in einer beschichteten Pfanne erhitzen. Darin die Eier zu Spiegeleiern braten (das Eigelb sollte aber noch möglichst flüssig bleiben), salzen und pfeffern.

5 Zum Servieren den Reis auf große Schalen verteilen, darauf nebeneinander kreisförmig die Gemüse und das Kimchi anordnen. Die Sauce in die Mitte geben, mit Sesam und den übrigen Zwiebelringen bestreuen. Die Spiegeleier darauflegen. Zum Essen vermischt man in Korea traditionell alles miteinander, auch das Ei, das man eventuell vorher in Stücke teilt.

DIY

ONE-DAY-KIMCHI
BESSER SELBER MACHEN

Kimchi ist super in und eigentlich super aufwendig: Einsalzen, würzen, fermentieren – das braucht einfach seine Zeit. Aber hier ganz flink und richtig lecker: unser Blitzrezept mit Trick.

DAS BRAUCHT'S FÜR 1 GLAS (1½ L):
1 Chinakohl (ca. 600 g) | 125 g grobes Meersalz | 1 kleine Zwiebel | 5 Knoblauchzehen | 1 Stück Ingwer (ca. 3 cm | ½ Apfel | 150 ml kalte Gemüsebrühe | 4 EL Tamari (glutenfreie Sojasauce) | 1 EL Zucker | 60 g Gochugaru (koreanisches Chilipulver, Asialaden) | Salz

1 Vom Chinakohl das Strunkende abschneiden. Die Blätter ablösen, waschen und abtropfen lassen. Dann die Blätter quer in ca. 5 cm breite Stücke schneiden, dabei große Blätter zuerst längs durch die Blattrippe halbieren (Bild 1). 1 l Wasser mit dem Meersalz in einem großen Topf unter Rühren aufkochen, bis sich das Salz gelöst hat.

2 Topf vom Herd nehmen, den Chinakohl sofort ins Salzwasser geben und 10 Min. darin ziehen lassen. Dann die Kohlstücke gut im Salzwasser wenden und weitere 10 Min. ziehen lassen, bis sie weich sind (Bild 2). Anschließend den Kohl in ein Sieb abgießen und im Waschbecken in kaltem Wasser gründlich wässern, dabei eventuell das Wasser einmal wechseln. In einem Sieb gut abtropfen lassen oder trocken tupfen.

3 Zwischendurch Zwiebel, Knoblauch und Ingwer schälen und in grobe Stücke schneiden. Den Apfel waschen, entkernen und grob würfeln. Alles mit der Brühe in die Küchenmaschine geben und fein pürieren. Die Paste in eine Schüssel füllen und Tamari, Zucker und so viel Chilipulver unterrühren, dass die Schärfe dem eigenen Geschmack entspricht.

4 Chinakohl gründlich mit der Chilipaste vermengen, die Paste dabei richtig in den Kohl »einmassieren« (Bild 3). Dann eventuell mit Chilipulver, Salz, Zucker und/oder Sojasauce abschmecken. Das Kimchi optimalerweise noch einige Stunden im Kühlschrank durchziehen lassen, man kann es aber auch gleich essen. Es hält sich gut 1 Woche im Kühlschrank (am besten in einem verschließbaren Bügelglas, Bild 4).

DER TRICK
Normalerweise muss man den Kohl über Nacht einsalzen und wässern, dann würzen und mindestens 3–5 Tage ziehen lassen – hier kann man schon nach 1 Tag davon essen.

1 *Die Kohlblätter je nach Größe erst noch längs durch die Blattrippen halbieren, bevor man sie in Stücke schneidet.*

2 *Der Chinakohl sollte sich leicht biegen lassen, ohne dabei zu brechen.*

3 *Die Chilipaste in den Kohl einmassieren, dazu unbedingt Einweghandschuhe tragen.*

4 *Das Kimchi immer mit einem sauberen Löffel entnehmen, damit es gut verschlossen im Bügelglas möglichst lange hält.*

MEXIKO-BOWL MIT REIS UND BOHNEN

Das Besondere an dieser Bowl? Sie ist so schön einfach zu machen. Und sie hat Pepp: Pimientos de Padrón, kleine grüne Bratpeperoni, sind Hingucker und Aromageber in einem.

Für den Reis:
100 g Naturreis
1 große Zwiebel
2 EL Olivenöl
1 TL ganzer Kreuzkümmel
225 ml Gemüsebrühe
1 Dose Kidneybohnen (ca. 240 g Abtropfgewicht)
4 EL Korianderblättchen

Für das Gemüse:
400 g Pimientos de Padrón (ersatzweise grüne Spitzpaprikaschoten)
1 Knoblauchzehe
1 Fleischtomate
1 rote Zwiebel
1 EL Rotweinessig
⅓ TL getrockneter Oregano
grobes Meersalz | Pfeffer
1 (Hass-)Avocado
1 EL Limettensaft
2 EL Olivenöl

Für 2 Personen
Zubereitungszeit: 1 Std.
Pro Portion: 790 kcal, 17 g EW, 49 g F, 68 g KH

V LF

1 Den Reis in einem Sieb abbrausen und abtropfen lassen. Zwiebel schälen, längs halbieren und in schmale Streifen schneiden. Das Öl in einem Topf erhitzen. Darin die Zwiebel goldbraun anbraten, dabei gegen Ende den Kreuzkümmel dazugeben und 1 Min. unter Rühren mitrösten. Den Reis untermischen und kurz mitbraten, dann mit der Brühe ablöschen und zugedeckt bei geringer Hitze ca. 40 Min. garen.

2 Inzwischen für das Gemüse die Pimientos waschen (Spitzpaprika vierteln, putzen und waschen). Knoblauch schälen und in dünne Scheiben schneiden. Die Tomate waschen und in kleine Würfel schneiden, dabei den Stielansatz entfernen. Die rote Zwiebel schälen und in nicht zu kleine Würfel scheiden. Mit Tomate, Essig und Oregano mischen, salzen, pfeffern und kurz ziehen lassen. Die Avocado halbieren, den Kern entfernen und das Fruchtfleisch mit einem Löffel aus den Schalen lösen. Das Fruchtfleisch in Scheiben schneiden und in dem Limettensaft wenden, damit es nicht braun wird.

3 Die Bohnen in das Sieb abgießen, abbrausen und abtropfen lassen. Die Korianderblättchen nach Belieben hacken. Bohnen und die Hälfte des Koriandergrüns unter den Reis mischen und zugedeckt warm werden lassen.

4 In einer großen beschichteten Pfanne das Olivenöl erhitzen. Die Pimientos und den Knoblauch hineingeben und bei starker Hitze braten, bis die Paprikaschoten dunkle Flecken bekommen und die Haut Blasen wirft. Die Schoten dabei eventuell immer wieder mit einem Löffel flach drücken. Zum Schluss mit Salz und Pfeffer würzen.

5 Den Bohnenreis auf Schüsseln verteilen, mit Tomatensalsa, Avocado und den gebratenen Pimientos belegen. Alles mit dem übrigen Koriander bestreuen, servieren.

SPEEDY-WOK MIT ASIA-SPROSSEN

2 dünne Möhren
2 Stangen Staudensellerie
125 g Champignons
150 g Schwarzkohlblätter (ersatzweise Grünkohlblätter)
4 Frühlingszwiebeln
1 Knoblauchzehe
1 Stück Ingwer (ca. 3 cm)
3 EL Sojaöl
3 EL Cashewnüsse
3 EL Tamari (glutenfreie Sojasauce)
⅛ l Gemüsebrühe
80 g Asia-Sprossen-Mix
½–1 TL Chilisauce (z. B. Sriracha)

Für 2 Personen
Zubereitungszeit: 25 Min.
Pro Portion: 405 kcal,
12 g EW, 30 g F, 31 g KH

V GF LF

1 Die Möhren schälen und schräg in dünne Scheiben schneiden. Staudensellerie waschen, putzen und ebenfalls schräg in dünne Scheiben schneiden. Die Champignons putzen und vierteln. Den Schwarzkohl gründlich waschen und trocken schütteln. Die Blätter in schmale Streifen schneiden, dabei sehr dicke Blattrippen und den Strunk wegschneiden. Frühlingszwiebeln waschen und putzen, die weißen Teile in dicke Ringe, die grünen Teile in dünne Ringe schneiden. Knoblauch und Ingwer schälen und fein hacken.

2 Das Sojaöl im Wok nicht zu heiß werden lassen. Darin die Cashewnüsse goldbraun anbraten, herausnehmen. Weiße Zwiebelringe, Möhren, Sellerie und die Pilze dazugeben und unter Rühren anbraten. Knoblauch, Ingwer und Schwarzkohl dazugeben, kurz mitbraten, dann mit Tamari ablöschen. Die Gemüsebrühe dazugießen und alles bei mittlerer Hitze in ca. 5 Min. bissfest garen.

3 Die Sprossen in einem Sieb abbrausen und abtropfen lassen. Mit der Chilisauce unter das Gemüse rühren und in 1–2 Min. heiß werden lassen. Mit dem Zwiebelgrün bestreuen und servieren, am besten mit Reis.

MEDITERRANE GEMÜSEPFANNE

1 Die Zucchini waschen, putzen, längs halbieren und in 1 cm dicke Stücke schneiden. Die Paprikaschote halbieren, putzen, waschen und in 1–2 cm große Stücke schneiden. Die Zwiebel schälen, längs halbieren und in dünne Streifen schneiden. Den Knoblauch schälen und fein hacken. Den Estragon abbrausen und trocken schütteln, die Blättchen von den Stängeln zupfen und fein hacken.

2 Das Öl in einer großen beschichteten Pfanne erhitzen. Paprika, Zucchini, Zwiebel und Knoblauch dazugeben, salzen, pfeffern und alles bei starker Hitze anbraten. Tomaten, Brühe, Senf und Estragon unterrühren. Die Gemüsepfanne bei mittlerer Hitze unter gelegentlichem Rühren 20–25 Min. offen kochen lassen, dabei sollte die Sauce dicklich einkochen.

3 Die Bohnen in ein Sieb abgießen, abbrausen, unter das Gemüse mischen und darin heiß werden lassen. Die Pfanne mit Salz und Pfeffer abschmecken und servieren. Wer möchte, kann dazu noch Couscous oder Bulgur essen.

2 kleine Zucchini
1 gelbe Paprikaschote
1 kleine Zwiebel
1 Knoblauchzehe
1 kleiner Stängel Estragon
2 EL Olivenöl | Salz | Pfeffer
200 g stückige Tomaten (aus der Dose)
75 ml Gemüsebrühe
1 TL (körniger) Dijon-Senf
1 Dose weiße Bohnen (ca. 240 g Abtropfgewicht, z. B. Cannellini-Bohnen)

Für 2 Personen
Zubereitungszeit: 15 Min. (+ 25 Min. Kochen)
Pro Portion: 240 kcal, 11 g EW, 12 g F, 21 g KH

V GF LF

BRATGEMÜSE

Mit diesen Dreien ist man fast in jeder Jahreszeit fein raus: Frühlingsgemüse mal ganz ungewohnt, Kohl exotisch und Pilze mit frischem Grün statt Sahnesauce.

In Asien nutzt man den Wok, um Gemüse bei starker Hitze zu braten. Das hat nicht nur den Vorteil, dass das Garen blitzschnell geht, sondern dass das Gemüse auch schön knackig bleibt, seinen Biss und zudem noch Vitamine behält. Natürlich gehen durch die Hitze einige wertvolle Inhaltsstoffe verloren, trotzdem ist diese Garmethode im Zweifelsfall schonender als langes Backen, Kochen oder in Wasser dünsten.

Weiterer Vorteil: Durch das Rösten entfalten sich nochmals völlig andere Aromen, als die verwendeten Zutaten bereits liefern. Nach dem Braten befindet sich dann in Wok oder Pfanne ein Geschmackserlebnis feinster Art. Bestes Beispiel hier sind die Radieschen, die man sonst eher nur frisch mit etwas Salz zum Butterbrot kennt.

Alle drei Bratgemüse auf dieser Seite sind eine hervorragende Beilage. Ideal auch in Kombination mit rohem oder kurz gedünstetem Gemüse für Bowls oder aber auch mit einer zusätzlichen Sauce. Der Favorit: Rucolapilze mit Pesto rosso (siehe S. 156) unter Nudeln gemischt. Einfach herrlich!

WOK-RADIESCHEN

Für 2 Personen von 2 Bund **Radieschen** das Grün abschneiden, waschen, trocken schütteln und verlesen. Die Radieschen waschen, putzen und halbieren. Im Wok oder einer beschichteten Pfanne 2 EL **Öl** erhitzen. Die Radieschen darin bei starker Hitze 2–3 Min. braten, dabei ab und zu durchrühren. 1 EL **Rosinen** unterrühren und alles weitere 2–3 Min. braten, **salzen** und **pfeffern.** 1 TL **Balsamico bianco** unterrühren, verdampfen lassen. Zuletzt 1 EL **Pinienkerne** dazugeben, das Radieschengrün unterrühren und nur kurz zusammenfallen lassen.

V GF LF

KOKOS-CURRY-KOHL

Für 2 Personen 3 EL Kokosraspel mit 100 ml heißem Wasser übergießen und kurz stehen lassen. Währenddessen 1 kleinen Spitzkohl (ca. 400 g) längs vierteln, waschen, den Strunk herausschneiden und die Viertel quer in knapp 1 cm breite Streifen schneiden. 1 Zwiebel schälen und fein würfeln. 2 EL Kokosöl in einem Wok oder einer großen Pfanne erhitzen. Darin die Zwiebel andünsten. Kohl dazugeben und bei starker Hitze unter Rühren braten, bis er leicht bräunt. 1 TL mildes Currypulver darüberstäuben und kurz mitrösten, dann Kokosraspel samt Wasser unterrühren, salzen und pfeffern. Zugedeckt bei geringer Hitze in 5–10 Min. fertiggaren.

V GF LF

RUCOLAPILZE

Für 2 Personen 250 g Kräuterseitlinge putzen und die Stiele und Hüte jeweils quer in ca. 5 mm dicke Scheiben schneiden. 2 Knoblauchzehen schälen, 1 Zehe in feine Würfel, die andere Zehe in dünne Scheiben schneiden. 2 Zweige Thymian abbrausen, gut trocken schütteln und die Blättchen fein hacken. 1 Bund Rucola (ca. 50 g) abbrausen, trocken schütteln und grobe Stiele abzupfen, die Blätter ein wenig kleiner schneiden. 2–3 EL Olivenöl im Wok oder in einer beschichteten Pfanne erhitzen. Darin die Seitlinge bei starker Hitze schön braun braten, dabei gegen Ende den Thymian und Knoblauch unterrühren, kräftig salzen und pfeffern. Rucola dazugeben und nur kurz unter Rühren zusammenfallen lassen.

GF LF

BESSER, WEIL

… es mit Pfanne oder Wok einfach viel fixer geht, und das kurze Garen bei großer Hitze dazu noch die enthaltenen Vitamine schont. Frischer gibt's fast nur noch Rohkost! Also am besten gleich loswokken.

HOT-TABOULEH MIT ZUCCHINI

2 Zucchini
1 kleine Stange Lauch
1 Knoblauchzehe
3 EL Olivenöl
Salz | Pfeffer
200 ml Gemüsebrühe
1 EL Rosinen
2 Stängel Dill
2 Stängel Petersilie
1 Stängel Minze
150 g Instant-Couscous
1–2 EL Zitronensaft
2–3 EL Chiliflocken

Für 2 Personen
Zubereitungszeit: 25 Min.
Pro Portion: 465 kcal,
12 g EW, 16 g F, 67 g KH

V LF

1 Die Zucchini waschen, putzen, längs vierteln und in ca. 1 cm große Stücke schneiden. Den Lauch putzen, längs halbieren und gründlich waschen, auch zwischen den Blattschichten. Die Lauchhälften in dünne Streifen schneiden. Knoblauch schälen und fein hacken.

2 In einer großen beschichteten Pfanne 2 EL Olivenöl erhitzen. Zucchini, Lauch und Knoblauch dazugeben und bei starker Hitze unter Rühren braten, bis das Gemüse leicht bräunt. Mit Salz und Pfeffer würzen. Brühe und Rosinen unterrühren und offen bei mittlerer Hitze ca. 15 Min. kochen, dabei sollte am Ende so gut wie alle Flüssigkeit verdampft sein.

3 Inzwischen Kräuter abbrausen und trocken schütteln, die Blättchen abzupfen und hacken. Den Couscous in 150 ml Wasser nach Packungsanweisung garen. Dann übriges Öl unterrühren und den Couscous auf der ausgeschalteten Herdplatte noch kurz ausquellen lassen.

4 Das Gemüse mit den Kräutern unter den Couscous heben und mit dem Zitronensaft, Salz, Pfeffer und den Chiliflocken abschmecken. Das Tabouleh sofort servieren oder erst noch lauwarm werden lassen – beides schmeckt prima!

ROTE-BETE-BUCHWEIZEN-RISOTTO

1 Die Zwiebel schälen und fein hacken. Das Öl in einem Topf erhitzen. Die Zwiebel darin goldgelb andünsten. 300 ml Brühe dazugießen und den Buchweizen einrühren. Bei geringer Hitze zudeckt 15–20 Min. köcheln lassen, bis der Buchweizen gar und die Flüssigkeit ganz aufgesogen ist.

2 Inzwischen die Rote Beten in kleine Würfel schneiden. Mit der restlichen Brühe und 1 EL Zitronensaft im Blitzhacker oder mit dem Stabmixer fein pürieren. Den Dill abbrausen und trocken schütteln, die Blättchen abzupfen und hacken. Gut die Hälfte des Dills mit der sauren Sahne und dem Meerrettich verrühren, mit Salz und Pfeffer würzen.

3 Das Rote-Bete-Püree unter den Buchweizen rühren und heiß werden lassen. Mit Salz, Pfeffer und restlichem Zitronensaft abschmecken. Das Risotto auf tiefe Teller verteilen, jeweils etwas von der Meerrettichsahne daraufgeben und mit dem übrigen Dill bestreuen.

1 große Zwiebel
1 EL Sonnenblumenöl
3/8 l Gemüsebrühe
150 g Buchweizen
200 g gegarte Rote Beten (vakuumverpackt)
2 EL Zitronensaft
1 großer Stängel Dill
100 g saure Sahne
30 g frisch geriebener Meerrettich (ersatzweise 1½ TL Meerrettich aus dem Glas)
Salz | Pfeffer

Für 2 Personen
Zubereitungszeit: 30 Min.
Pro Portion: 405 kcal, 10 g EW, 11 g F, 63 g KH

GF

KARTOFFEL-TIKKA MIT ROTE-BETE-RAITA

Diese Kartoffelplätzchen liebt man in Indien, und selbst Veganer greifen kräftig zu: Sie bleiben ganz ohne Ei oder Bindemittel perfekt in Form und werden wunderbar knusprig. Statt der Raita gibt es dann aber die Kürbiskerncreme von S. 145.

Für die Raita:
1 kleine Rote Bete (ca. 100 g)
1 Stück Ingwer (ca. 1 cm)
1 Schalotte
1 EL Kokosöl
1 TL gemahlener Kreuzkümmel
Salz | Pfeffer
150 g Naturjoghurt
1 Spritzer Zitronensaft

Für die Tikka:
400 g mehligkochende Kartoffeln
100 g TK-Erbsen
1 Schalotte
1 Stück Ingwer (ca. 2 cm)
3–4 EL Öl zum Braten
Salz | Pfeffer
1 EL Leinsamenmehl
2 EL Korianderblättchen
1 TL Garam Masala
½ TL gemahlener Kreuzkümmel
2 Msp. Chiliflocken

Für 2 Personen
Zubereitungszeit: 50 Min.
Pro Portion: 473 kcal, 13 g EW, 29 g F, 40 g KH

GF

1 Für die Raita die Rote Bete schälen und fein raspeln, dazu am besten Einweghandschuhe tragen, die Knolle färbt sehr stark. Ingwer und Schalotte schälen, fein würfeln. Kokosöl in einer kleinen Pfanne erhitzen, darin die Schalotte andünsten. Ingwer und Rote Bete dazugeben und 2–3 Min. unter Rühren braten, dabei eventuell 1–2 EL Wasser untermischen. Mit Kreuzkümmel, Salz und Pfeffer würzen, abkühlen lassen. Dann mit dem Joghurt verrühren, mit Salz, Pfeffer und Zitronensaft abschmecken und im Kühlschrank durchziehen lassen.

2 Inzwischen für die Tikka die Kartoffeln in ausreichend kochendem Wasser in 20–25 Min. weich garen. Abgießen, ausdampfen lassen und möglichst noch warm pellen. Dann durch die Kartoffelpresse drücken oder (das geht für kalte Pellkartoffeln auf jeden Fall besser) erst mit einer Gabel und anschließend mit den Händen fein zerdrücken.

3 Während die Kartoffeln garen, die Erbsen aus dem Tiefkühlfach nehmen. Schalotte und Ingwer schälen und fein würfeln. 1 EL Öl in einer Pfanne erhitzen, darin die Schalotte andünsten. Ingwer dazugeben und kurz mitbraten, dann Erbsen unterrühren, salzen, pfeffern und 3–4 EL Wasser dazugeben. Die Erbsen 5–10 Min. offen garen, bis alle Flüssigkeit verdampft ist. Das Leinsamenmehl für ein »Leinsamenei« (siehe S. 38) mit 6 EL Wasser glatt verrühren und 5–10 Min. ruhen lassen. Die Korianderblättchen hacken.

4 Kartoffeln, leicht abgekühlte Erbsen, Koriander, Garam Masala, Kreuzkümmel und die Chiliflocken vermischen. Leinsamenei gründlich untermengen, mit Salz und Pfeffer würzen. Aus der Kartoffelmischung 8 gleich große Küchlein formen. Übriges Öl in einer großen beschichteten Pfanne erhitzen. Darin die Kartoffel-Tikka auf jeder Seite in je 3–4 Min, knusprig braun braten. Mit der Raita servieren.

SO GEHT'S SCHNELLER

Einfach bereits gegarte Kartoffeln vom Vortag nehmen und fein zerdrücken. Die Erbsen durch bereits gegarte, klein geschnittene Gemüsereste oder auch durch Mais aus der Dose ersetzen. Die Ingwerwürfelchen frisch mit unter die Kartoffeln mischen und zudem anstatt der gedünsteten Schalotte 2 fein geschnittene frische Frühlingszwiebeln unterarbeiten.

GEDÄMPFTER TOFU MIT SESAM-BOHNEN

Dämpfen und dann noch Tofu – das klingt nach fader Krankenkost. Mitnichten! Ein feuriges Dressing und knoblauchwürzige Bohnen geben hier richtig Pep.

Für die Bohnen:
500 g grüne Bohnen (ersatzweise TK-Bohnen) | Salz
2 Knoblauchzehen
3 EL Sesamsamen
1 EL Sojaöl
2 EL Sojasauce | Pfeffer

Für den Tofu:
350 g fester Seidentofu (Firm Silken Tofu)
2 Frühlingszwiebeln
3 EL Sojasauce
1 TL Chilisauce (z. B. Sriracha)
2 EL geröstetes Sesamöl

Für 2 Personen
Zubereitungszeit: 30 Min.
Pro Portion: 430 kcal, 21 g EW, 27 g F, 25 g KH

1 Die Bohnen waschen und die Enden abknipsen. Ausreichend Wasser in einem Topf zum Kochen bringen, salzen. Die Bohnen darin in ca. 3 Min. bissfest garen. In ein Sieb abgießen, kalt abbrausen und gut abtropfen lassen. Inzwischen den Knoblauch schälen und in feine Scheiben schneiden.

2 Den Tofu aus der Packung nehmen, vorsichtig trocken tupfen und auf einen kleinen Teller legen. In einem großen Topf wenig Wasser zum Kochen bringen. Den Teller mit dem Tofu in einen Dämpfkorb oder einen Dämpfeinsatz setzen, Korb oder Einsatz in den Topf stellen und den Tofu bei geschlossenem Deckel 15 Min. dämpfen. Alternativ dazu, wenn der Tofu sehr gut eingeschweißt ist, den Tofu einfach in der Packung in einem Topf in reichlich Wasser in 10–15 Min. bei geringer Hitze gar ziehen lassen.

3 Währenddessen die Frühlingszwiebeln waschen, putzen und samt dem dunklen Grün schräg in dünne Ringe schneiden. Für ein Tofu-Dressing Sojasauce mit Chilisauce, Sesamöl und 2 EL Wasser verrühren.

4 Die Sesamsamen in einer Pfanne oder im Wok rösten, bis sie duften, herausnehmen. Das Sojaöl in der Pfanne oder dem Wok erhitzen. Die Bohnen und den Knoblauch dazugeben und bei starker Hitze unter Rühren ca. 2 Min. braten. Mit der Sojasauce ablöschen und die Bohnen weitere 2 Min. braten, bis die Flüssigkeit verdampft ist. Mit Salz und Pfeffer würzen. 2 EL Sesam unterrühren und die Bohnen auf Teller verteilen.

5 Den Tofu aus dem Topf nehmen, vierteln und zu den Bohnen auf die Teller setzen. Das Dressing über den Tofu löffeln, die Frühlingszwiebeln auf den Tofu häufen. Mit dem übrigen Sesam bestreuen und sofort servieren.

THAI-CURRY MIT KICHERERBSEN

1 rote Spitzpaprikaschote
50 g Baby-Maiskolben
1 kleine Süßkartoffel (ca. 250 g)
1 kleine rote Zwiebel
3 Stangen Zitronengras
1 EL Sonnenblumenöl
200 ml Kokosmilch
½–1 EL gelbe Thai-Currypaste
100 g Kichererbsen (aus der Dose)
3 EL Korianderblättchen
1 EL Sojasauce | Salz
2–3 EL Limettensaft

Für 2 Personen
Zubereitungszeit: 20 Min.
(+ 25 Min. Kochen)
Pro Portion: 440 kcal,
8 g EW, 24 g F, 45 g KH

V GF LF

1 Die Paprikaschote halbieren, putzen, waschen und in 1 cm große Stücke schneiden. Die Baby-Maiskolben waschen und ebenfalls in 1 cm lange Stücke schneiden. Die Süßkartoffel schälen und 1 cm groß würfeln. Die Zwiebel schälen, längs halbieren und in dünne Spalten schneiden. Zitronengras waschen und unschöne Blätter entfernen, die Stangen halbieren und mit einem Stößel anquetschen.

2 Das Sonnenblumenöl mit 2 EL Kokosmilch in einem Topf heiß werden lassen. Die Zwiebel dazugeben und darin andünsten. Die Currypaste unterrühren und kurz mitdünsten, dann das Gemüse, das Zitronengras und die übrige Kokosmilch dazugeben. Durchrühren und alles zugedeckt bei mittlerer Hitze in 20–25 Min. gar köcheln lassen.

3 Gegen Garzeitende die Kichererbsen in einem Sieb abbrausen und abtropfen lassen. Die Korianderblättchen grob hacken. Das Curry mit Sojasauce, etwas Salz und dem Limettensaft würzen. Kichererbsen unterrühren und 2–3 Min. bei geringer Hitze im Curry ziehen lassen. Mit Koriander bestreuen. Das Curry mit Reis oder Getreide, z. B. Hirse, servieren.

LEMON-TAJINE MIT SCHWARZKOHL

1 Möhre und Süßkartoffel schälen. Die Möhre längs vierteln und in ca. 5 cm lange Stücke schneiden. Die Süßkartoffel quer halbieren und in ca. 5 cm lange Spalten schneiden. Die Paprikaschote halbieren, putzen, waschen und in 3–4 cm große Stücke schneiden. Den Schwarzkohl gründlich waschen und trocken schütteln. Die Blätter in 1 cm breite Streifen schneiden, dabei sehr dicke Blattrippen und den Strunk wegschneiden. Schwarzkohl in eine ofenfeste Form (möglichst mit Deckel) geben.

2 Zwiebeln und Knoblauch schälen und fein würfeln. Kräuter abbrausen, trocken schütteln und mit den Stielen nicht zu fein hacken. Zitrone heiß waschen und halbieren, eine Hälfte in dünne Scheiben schneiden, die andere Hälfte auspressen.

3 Zwiebeln, Knoblauch, Kräuter und 1 EL Zitronensaft mit Olivenöl, Kreuzkümmel und Chilipulver vermischen. Die Marinade gut mit Möhre, Süßkartoffel und Paprika vermengen, mit Salz und Pfeffer würzen und auf den Schwarzkohl geben. Zitronenscheiben auf dem Gemüse verteilen. Zugedeckt möglichst 3 Std. marinieren lassen.

4 Dann den Backofen auf 180° vorheizen. Das Gemüse in der geschlossenen Form (wer nur eine Form ohne Deckel hat, legt ein Stück Alufolie darüber und verschließt diese gut an den Rändern) im Ofen (Mitte) ca. 1 Std. garen. Dazu schmeckt Couscous, Bulgur oder Hirse.

1 große Möhre
1 kleine Süßkartoffel (ca. 250 g)
1 rote Paprikaschote
100 g Schwarzkohlblätter (ersatzweise zarte Grünkohlblätter)
2 Zwiebeln | 1 Knoblauchzehe
je ½ Bund Petersilie und Koriandergrün
1 Bio-Zitrone | 2 EL Olivenöl
1 TL gemahlener Kreuzkümmel
¼ TL Chilipulver
Salz | Pfeffer

Für 2 Personen
Zubereitungszeit: 30 Min.
(+ 3 Std. Marinieren, 1 Std. Garen)
Pro Portion: 275 kcal,
4 g EW, 11 g F, 36 g KH

V GF LF

SHAKSHUKA MIT LINSEN UND AUBERGINEN

So frühstückt man in Nordafrika und Israel seine Eier, pochiert in einer richtig scharfen Tomatensauce. Kombiniert mit Auberginen und Linsen wird daraus ein sättigendes Mittag- oder Abendessen.

1 große Aubergine
2 Knoblauchzehen
1 Zwiebel
4 EL Olivenöl
Salz | Pfeffer
60 g gelbe Linsen
1 Dose stückige Tomaten (400 g)
3 Msp. Chiliflocken
½ TL gemahlene Kurkuma
1 TL gemahlener Kreuzkümmel
3 EL Korianderblättchen
1 TL Honig
4 Eier

Für 2 Personen
Zubereitungszeit: 25 Min. (+ 35 Min. Garen)
Pro Portion: 540 kcal, 26 g EW, 33 g F, 33 g KH

GF LF

1 Die Aubergine waschen, putzen und längs in 1 cm dicke Scheiben schneiden. Dann die Auberginenscheiben in 1 cm breite Streifen und diese in 1 cm große Würfel schneiden. Den Knoblauch schälen und fein würfeln. Zwiebel ebenfalls schälen und fein würfeln.

2 In einer beschichteten Pfanne 2 EL Olivenöl erhitzen. Die Auberginenwürfel hineingeben, salzen, pfeffern und unter Rühren goldbraun braten, dabei nach 1–2 Min. Bratzeit die Hälfte des Knoblauchs dazugeben. Auberginen aus der Pfanne nehmen, die Pfanne säubern.

3 Das übrige Öl in die Pfanne geben und erhitzen. Darin die Zwiebel bei mittlerer Hitze langsam goldgelb dünsten, gegen Ende restlichen Knoblauch dazugeben und mitdünsten. Linsen unterrühren, dann 200 ml Wasser und die Tomaten untermischen. Mit Salz, Pfeffer, Chili, Kurkuma und Kreuzkümmel würzen. Zugedeckt 15–20 Min. garen, bis die Linsen fast weich sind. Sollte die Tomatensauce schon sehr dick eingekocht sein, noch etwas Wasser dazugeben, sollte sie zu wässrig sein, offen bei starker Hitze ein wenig einkochen lassen.

4 Den Koriander nicht zu fein hacken. Aubergine mit dem Honig und gut zwei Drittel des Korianders unter die Tomatensauce rühren und 2–3 Min. mitgaren. Dann mit einem Löffel nacheinander 4 flache Mulden in die Sauce drücken und vorsichtig jeweils 1 Ei hineingleiten lassen. Die Eier wenig salzen und pfeffern. Alles zugedeckt nochmals 10–15 Min. bei geringer bis mittlerer Hitze garen, bis die Eier gestockt sind. Mit übrigem Koriander bestreuen und eventuell mit Brot servieren.

BESSER-ESSER-TIPP

Wer gerne vegan essen möchte, ersetzt den Honig durch Agavendicksaft oder Ahornsirup. Und anstelle der Eier einfach gut 20 g mehr Linsen nehmen und die Wassermenge um 50–75 ml erhöhen.

LINSENRAGOUT MIT POLENTA-STREIFEN

Ein Sonntags- oder Gästeessen vom Feinsten! Die Zubereitung ist zwar ein wenig aufwendiger, aber sie lohnt sich. Das Linsenragout überzeugt selbst Fleischesser, die dafür gerne ihr Geschnetzeltes mal links liegen lassen.

Für die Polenta:
280 ml Gemüsebrühe
100 g Instant-Polenta
2–3 EL Öl zum Braten

Für die Linsen:
1 Zwiebel
5 Zweige Thymian
3 EL Olivenöl
100 g Berglinsen
¼ l Gemüsebrühe
150 g kleine braune Champignons
1 kleine Knoblauchzehe
200 g Mangold
Salz | Pfeffer
75 ml Mandelsahne
1 TL (körniger) Dijon-Senf

Für 2 Personen
Zubereitungszeit: 1 Std. 10 Min. (+ 3 Std. Ruhen)
Pro Portion: 650 kcal, 21 g EW, 35 g F, 60 g KH

GF LF

1 Für die Polenta die Brühe aufkochen, vom Herd nehmen und die Polenta nach und nach unter Rühren dazugeben. Den Topf auf den Herd zurückstellen und die Maisgrießmasse bei geringer Hitze unter Rühren 2–3 Min. quellen lassen. Topf wieder vom Herd nehmen und die Polenta in eine mit Öl ausgepinselte Form geben, glatt drücken. Auskühlen lassen, mit Folie abdecken und mindestens 3 Std. im Kühlschrank ruhen lassen.

2 Dann für die Linsen die Zwiebel schälen und fein würfeln, den Thymian abbrausen und trocken schütteln. 1 EL Olivenöl in einem Topf erhitzen. Darin die Zwiebel goldgelb anbraten, Linsen dazugeben und gut unterrühren, mit der Brühe ablöschen und 1 Thymianzweig dazugeben. Die Linsen zugedeckt bei geringer Hitze ca. 25 Min. garen.

3 Inzwischen die Pilze putzen und halbieren, Knoblauch schälen und fein würfeln. Vom den übrigen Thymianzweigen die Blättchen abzupfen und fein hacken. Den Mangold waschen und putzen, weiße Stiele und Grün voneinander trennen. Die Stiele längs halbieren, dann quer in dünne Streifen schneiden, die grünen Blätter in breite Streifen schneiden.

4 Übriges Olivenöl in einer Pfanne erhitzen. Darin die Pilze mit dem Knoblauch bei starker Hitze anbraten, sodass sie schön bräunen. Mit Salz und Pfeffer würzen, gehackten Thymian unterrühren, die Pfanne vom Herd nehmen.

5 Die Mangoldstiele unter die Linsen rühren, salzen, pfeffern und weitere 10 Min. garen. Dann die Mandelsahne und die Mangoldblätter unterrühren und alles zugedeckt so lange garen, bis die Blätter zusammengefallen sind. Die Pilze und den Senf unterrühren und heiß werden lassen. Das Ragout warm halten.

6 Zwischendurch die Polenta aus der Form stürzen und in Streifen schneiden (ca. 2 × 8 cm). In einer großen beschichteten Pfanne das Bratöl erhitzen. Die Polentastreifen hineingeben und bei mittlerer Hitze so lange auf jeder Seite braten, bis sie goldbraun und knusprig sind. Mit dem Linsenragout servieren.

SATTMACHER-GEMÜSE

Auf der Suche nach Gemüse, das rundum sättigt und trotzdem nicht schwer wie ein Klotz im Magen liegt? Hier ist die Lösung: drei leckere Rezepten, zu denen es kaum noch etwas zusätzlich braucht.

Kartoffeln, Reis, Nudeln – das alles wurde früher in der Gastronomie unter dem Begriff »Sättigungsbeilage« zusammengefasst. Und darüber kann man heute leicht schmunzeln. Aber eigentlich ist es doch gar kein verkehrter Gedanke, dass eine Komponente innerhalb einer Gesamtmahlzeit richtig schön satt macht. Das müssen ja nicht unbedingt nur stärkereiche Kohlenhydratbomben in riesiger Menge sein. Wie wäre es einfach mal mit Gemüse? Oder eben auch mit Kartoffeln, die allerdings mit viel Grün den richtigen Pfiff bekommen? Das sind dann Schlankmacher-Sättigungsbeilagen, die nicht nur schnell gemacht sind, sondern garantiert auch Abwechslung auf den Teller oder in die Bowl bringen.

ERBSEN-BROKKOLI-PÜREE

Für 2 Personen 300 g **Brokkoli** waschen, in Röschen teilen, Stiel schälen und in dünne Scheiben schneiden, Brokkoli in ausreichend **Salzwasser** 12–15 Min. garen. 2 **Schalotten** schälen, fein würfeln und in 2 EL **Olivenöl** goldgelb dünsten. 150 g **TK-Erbsen** unterrühren und mit 100 ml **Gemüsebrühe** und 80 ml **Hafersahne** ablöschen, salzen, pfeffern. Bei geringer Hitze zugedeckt 5–7 Min. garen. Dann den Brokkoli abgießen und zu den Erbsen geben, 2 EL gehackte **Minze** untermischen. Alles mit dem Stabmixer pürieren. Mit **Salz, Pfeffer, geriebener Muskatnuss** und 1 Spritzer **Zitronensaft** abschmecken.

V GF LF

TANDOORI-BLUMENKOHL

Für 2 Personen Backofen auf 200° vorheizen. 1 kleinen Blumenkohl (ca. 900 g) waschen und in Röschen teilen, Strunk wegwerfen. 1 Stück Ingwer (ca. 2 cm) schälen und fein hacken oder reiben. Mit 150 g Naturjoghurt, 2 TL Tandoori-Pulver oder -Paste, 2–3 EL Limettensaft und 2 EL Sonnenblumenöl mischen, salzen, pfeffern. Den Blumenkohl gut in der Würzmischung wenden und auf einem mit Backpapier ausgelegtem Blech verteilen. Im Ofen (Mitte) in 30–40 Min. weich garen, dabei ein- bis zweimal wenden.

GF

GRÜNE BRATKARTOFFELN

Für 2 Personen 300 g Pellkartoffeln vom Vortag pellen (junge Kartoffeln mit ganz dünner Schale muss man nicht unbedingt pellen) und in grobe Stücke schneiden. 1 Knoblauchzehe schälen. In einer Pfanne 3 EL Olivenöl erhitzen. Kartoffeln hineingeben, salzen, pfeffern und anbraten, bis sie leicht gebräunt sind. Den Knoblauch dazupressen und 2 Msp. Chiliflocken, ½ TL gemahlenen Kreuzkümmel und ⅓ TL gemahlene Kurkuma darüberstäuben. Alles durchmischen und die Kartoffeln kurz weiterbraten, dann 2 EL Zitronensaft darüberträufeln. Vom Herd nehmen und je 2 EL gehacktes Koriandergrün und Petersilie untermischen.

V GF LF

BESSER, WEIL … Gemüse hier perfekt die Hauptrolle spielt: Anstatt von Kartoffelpüree, Tandoori-Huhn oder herkömmlichen Bratkartoffeln gibt knackig-frisches Grün den Ton an – egal ob als Beilage oder als Hauptsache auf dem Essteller.

GEMÜSE-FRITES AUS DEM OFEN

Pommes rot-weiß in einer neuen Dimension: weniger Fett, mehr Vitamine und noch mehr Aroma. So gesund kann Fast Food sein – ein klares Besser-Esser-Plus!

Für die Frites:
1 große Möhre
1 Pastinake (ca. 150 g)
1 Süßkartoffel (ca. 300 g)
1 Steckrübe (ca. 200 g)
1 Knoblauchzehe
1 TL getrockneter Thymian
½ TL edelsüßes Paprikapulver
Salz | Pfeffer | 2 EL Olivenöl

Für das Ketchup:
1 Stück Knollensellerie (ca. 50 g)
1 große Zwiebel | 1 Knoblauchzehe
50 g getrocknete Aprikosen
1 EL Olivenöl
1 Dose stückige Tomaten (400 g)
1 EL Tomatenmark
3 EL Weißweinessig
⅓ TL gemahlenes Piment
2 Msp. Zimtpulver | Salz | Pfeffer

Für die Tofunaise:
½ Knoblauchzehe
200 g Seidentofu
1 TL (körniger) Dijon-Senf
1 TL Zitronensaft
3 EL Sonnenblumenöl
Salz | Pfeffer
1 Stängel Estragon oder Basilikum

Für 2 Personen
Zubereitungszeit: 1 Std.
Pro Portion: 640 kcal, 14 g EW, 34 g F, 66 g KH

1 Für das Ketchup Sellerie, Zwiebel und Knoblauch schälen und fein würfeln. Aprikosen in kleine Stücke schneiden. Öl in einem Topf erhitzen. Darin Sellerie, Zwiebel und Knoblauch 5 Min. andünsten, ohne dass sie Farbe annehmen. Aprikosen, Tomaten, Tomatenmark, Essig und Gewürze dazugeben, wenig salzen, pfeffern. Bei mittlerer Hitze offen ca. 1 Std. köcheln lassen, bis alles schön dick eingekocht ist, dabei gelegentlich umrühren. Mit Salz und Pfeffer abschmecken, vom Herd nehmen, mit dem Stabmixer fein pürieren und auskühlen lassen.

2 Inzwischen für die Frites den Backofen auf 220° vorheizen. Ein Backblech mit Backpapier auslegen. Alle Gemüse schälen und in lange, ca. 1 cm dicke Stifte schneiden. Knoblauch schälen, in eine Schüssel pressen und mit dem Thymian, dem Paprikapulver, Salz, Pfeffer und dem Öl vermischen. Die Gemüsestifte dazugeben und alles gut vermengen. Gemüse auf das Blech geben und im Ofen (Mitte, Umluft nicht empfehlenswert) in 20–25 Min. goldbraun backen, dabei ein- bis zweimal mit einem großen Löffel wenden.

3 Während die Frites garen, für die Tofunaise den Knoblauch schälen und in ein hohes Rührgefäß pressen. Den Tofu grob würfeln und mit dem Senf und Zitronensaft dazugeben, darauf das Sonnenblumenöl laufen lassen. Alles mit dem Stabmixer auf kleiner Stufe pürieren, dabei den Stab langsam von oben nach unten bewegen. Mit Salz und Pfeffer würzen. Den Estragon oder Basilikum abbrausen und trocken schütteln, die Blättchen abzupfen, fein schneiden und unter die Tofunaise mischen.

4 Die fertigen Gemüse-Frites – sie sollten innen gar und weich, außen knusprig gebräunt sein – auf Küchenpapier geben und kurz abtropfen lassen, eventuell salzen. Die Frites mit dem Ketchup und der Tofunaise servieren.

KETCHUP – NICHT NUR FÜR DIE FRITES

Die Menge des Ketchups ist reichlich bemessen und er kann bestimmt noch bei anderen Gelegenheiten zum Einsatz kommen: Den Rest einfach in eine Flasche füllen und im Kühlschrank aufbewahren, der Ketchup hält gut 4 Wochen. Damit dann Saucen oder Dips abschmecken oder zu Burgern, auf Sandwiches oder als Würzsauce von Bowls genießen.

VOLL FETT ESSEN
WIE GEHT'S BESSER?

BESSER WISSER

BUTTER ODER MARGARINE AUFS BROT? MARGARINE IST DOCH REIN PFLANZLICH, ALSO WAHRSCHEINLICH BESSER?

Kommt darauf an. Butter wird ausschließlich aus Kuhmilch hergestellt, ist also ein natürliches Produkt. Margarine wird dagegen meist aus verschiedenen Pflanzenölen, Wasser und Emulgatoren in einem komplexen technischen Verfahren produziert. Fett enthalten beide ungefähr gleich viel – nämlich rund 90 Prozent – allerdings unterscheidet sich dieses Fett in seiner Zusammensetzung.

ICH DACHTE, FETT IST GLEICH FETT UND MACHT SICH IMMER IN ÜBERFLÜSSIGEN KILOS BEMERKBAR.

Ganz und gar nicht, der Körper braucht sogar dringend Fett: Es liefert ihm Energie, schützt die Zellen und sorgt dafür, dass wichtige Vitamine wie Vitamin A, D, E, K und Carotin überhaupt verwertet werden können. 60–80 g möglichst gesundes Fett am Tag dürfen es nach derzeit gängiger Empfehlung sein.

ABER WAS IST GESUNDES UND WAS UNGESUNDES FETT? IST BUTTER BESSER ALS MARGARINE?

Nur gut oder schlecht gibt es von Natur aus meist nicht. Egal ob Butter oder Margarine, tierisch oder pflanzlich – alle Fette enthalten immer zugleich mehrere verschiedene Fettsäuren. Tierische Fette in Butter, Sahne, Käse, Wurst und Fleisch weisen vor allem gesättigte Fettsäuren auf. Dabei ist der Name irreführend: Gesättigte Fettsäuren machen nämlich nicht satt, sondern eher Lust auf mehr. Sie sind 1-a-Geschmacksverstärker, mit denen Butterbrot oder Pasta mit Sahne wie geschmiert durch den Gaumen flutschen und wir mehr als nötig davon essen. Und das führt dann zu überschüssigen Kilos und einem zu hohen, ungesunden Cholesterinspiegel.

ALSO DOCH BESSER AUF PFLANZLICHES FETT UMSTEIGEN UND DIE BUTTERSTULLE LINKS LIEGEN LASSEN?

Muss nicht sein, denn so eine gemütliche Stulle hat was Beruhigendes: Unser Nervensystem braucht Fette mit gesättigten Fettsäuren, diese wirken als Botenstoff. Ist man hibbelig und nervös, hilft vielleicht schon ein Flöckchen Butter. Ein bisschen eben. Etwa 30 Prozent der täglichen Gesamtfettmenge – der Rest sollte aus Fetten mit ungesättigten Fettsäuren bestehen.

WO STECKEN UNGESÄTTIGTE FETTSÄUREN DRIN?

Vor allem Pflanzenöle enthalten etliche ungesättigte Fettsäuren, die unser Körper nicht selbst herstellen kann und die man deshalb auch als essentiell bezeichnet, sie müssen zugeführt werden. Zellen, Nerven und Hirn profitieren von den gesunden Omega-3-Fettsäuren (Rapsöl, Leinöl, fetter Fisch) und Omega-9-Fettsäuren (Rapsöl, Maiskeimöl, Nüsse, Avocados). Nicht ganz so optimal sind Omega-6-Fettsäuren (Sonnenblumenöl, Maisöl, Sojaöl, Erdnussöl). Diese heben die positive Wirkung anderer Fettsäuren teilweise auf.

ALSO NÜSSE KNABBERN, AVOCADO ESSEN UND BESSER MIT OLIVENÖL BRATEN?

Ja, aber bloß nichts anbrennen lassen. Bei zu starker Hitze können aus ungesättigten Fettsäuren gesundheitsschädliche trans-Fettsäuren (TFS) entstehen. Deshalb kalt gepresste, native Öle, die viele Nährstoffe enthalten, am besten für kalte Gerichte wie Salate nehmen oder aber nur mäßig erhitzen.

TRANS-FETTSÄUREN KLINGT GEFÄHRLICH …

Na ja, irgendwie schon. Sie wirken sich negativ auf den Cholesterinspiegel aus und begünstigen so Herz-Kreislauf-Erkrankungen. TFS oder auch Transfette entstehen vor allem beim industriellen Härten von länger haltbaren Fetten, wie sie etwa für Margarine oder Frittierfett gebraucht werden. Verstecken tun sie sich in Frittiertem, Chips, Tiefkühlpizza oder auch Tütensuppen – nur erkennbar an der Bezeichnung »gehärtetes Fett« oder »teilweise gehärtetes Fett«.

DANN LIEBER SELBER KOCHEN, UM ZU WISSEN, WAS RICHTIG GUT FETT IST. ABER WAS KANN ICH DENN ZUM BRATEN NEHMEN?

Es gibt Öle, die zwar ungesättigte Fettsäuren enthalten, aber so verarbeitet sind, dass sie sich als »Bratöle« eignen. Hip und mit ganz eigenem Geschmack ist Kokosöl, das sich hocherhitzen lässt, weil es aus bestimmten gesättigten Fettsäuren besteht. Die gelten inzwischen als extrem gesund und sollen dazu noch lange satt machen. Deshalb rühren sich manche Leute schon mal Kokosöl in ihren (Bulletproof) Coffee oder mixen »Weiße Smoothies« damit. Das gilt allerdings nur für natives Kokosöl, nicht zu verwechseln mit gehärtetem Kokosfett, das in festen Blöcken als Frittierfett angeboten wird.

WEISSE SMOOTHIES? ICH DACHTE, GRÜN IST ANGESAGT?

Genau deshalb! Wenn man hauptsächlich Grün isst, darf man nach heutigen Erkenntnissen auch mal richtig vollfett essen oder trinken. Wichtig ist dabei allerdings die Kombi: Pasta mit Sahnesauce, also Kohlenhydrate und gesättigte Fettsäuren, sind reines Hüftgold. Der vollfett-gesättigte Smoothie nur mit Ei und Kokosfett ist völlig kohlenhydrat-, gluten- und lactosefrei und hält lange satt, ohne anzuschlagen.

GRÜNE DIPS

Kräutergrün und gesund sind alle drei – und dabei haben diese Dips immer eine vollkommen andere Grundlage: mal ist es Avocado, mal sind es Hülsenfrüchte und mal Saaten. Da freut sich das Veggie-Herz!

Ohne passende Sauce ist das beste Essen nichts – oder zumindest: mit Sauce schmeckt alles noch mal ein bisschen besser. Wer sein Schnitzel brät, löscht einfach den Bratensatz mit etwas Flüssigkeit ab und hat damit schon die Basis für eine Bratensauce. Dazu noch etwas Sahne oder Crème fraîche und daraus wird eine samtige Cremesauce. Aber was tun, wenn man auf die aromengebenden Röststoffe von Fleisch verzichtet? Nur Sahne nehmen? Oder einfach das Gericht trocken essen? Auf gar keinen Fall! Denn es gibt herrliche Veggie-Dips und -Cremes, die Reis, Nudeln und Getreide sowie auch buntes Gemüse aufs Beste ergänzen und veredeln.

Grundlage für die Dips und Cremes sind immer Gemüse, reichlich Kräutergrün und dazu noch ein »Dickmacher«: Avocado, Kichererbsen und Kürbiskerne helfen, aus der dünnen Sauce eine wunderbare Creme zu zaubern, die sich auch mal zum Einstippen von Rohkoststicks und Crackern oder als Brotaufstrich eignet.

Der besondere Dip-Tipp: Kräuter-Avocado-Dip, grünes Hummus und Kürbiskerncreme sind perfekt, um Bowls aufzupeppen – einfach einen ordentlichen Löffel davon on top. Und das Tollste dabei: Diese drei Dips ersetzen nicht nur die Sauce, sondern dazu auch gleich noch das Fleisch, weil in ihnen reichlich pflanzliches Protein und gute Fette enthalten sind.

KRÄUTER-AVOCADO-DIP

Für 2 Personen 1 vollreife **Avocado** halbieren, den Kern entfernen und das Fruchtfleisch mit einem Löffel aus den Schalen lösen. Das Avocadofleisch grob würfeln und in einem hohen Mixgefäß sofort mit 1 EL **Limettensaft** mischen. 1 kleine **Knoblauchzehe** schälen und grob hacken. Je 30 g **Minze** und **Koriandergrün** abbrausen, trocken schütteln und die Blättchen grob schneiden. Mit ⅓–½ TL **Chilisauce** (z. B. Sriracha), ¾ TL gemahlenem **Kreuzkümmel,** 2–3 EL **Olivenöl** und dem Knoblauch zur Avocado geben. Alles mit dem Stabmixer zu einer festen Creme pürieren. Mit **Salz** und **Pfeffer** würzen.

V GF LF R

GRÜNES HUMMUS

Für 2 Personen 1 Bund Koriandergrün abbrausen und trocken schütteln, sehr grobe Stängel oder die Wurzeln entfernen, dann die Blättchen samt feiner Stängel grob schneiden. 1 Dose Kichererbsen (400 g) in ein Sieb abgießen, dabei die Einlegeflüssigkeit auffangen. Erbsen abbrausen und abtropfen lassen, dann mit Koriandergrün, 2 EL Tahin (Sesammus), 3 EL Zitronensaft und 2–3 EL Olivenöl in ein hohes Mixgefäß geben. Mit Salz, Pfeffer, ½ TL gemahlenem Koriander, 1 TL gemahlenem Kreuzkümmel und 3 Msp. Chilipulver würzen. Alles mit dem Stabmixer cremig pürieren, dabei nach und nach so viel von der Einlegeflüssigkeit dazugießen, bis die gewünschte Konsistenz erreicht ist.

V GF LF

KÜRBISKERNCREME

Für 2 Personen 75 g Kürbiskerne mit reichlich Wasser in eine Schüssel geben und über Nacht einweichen. Am nächsten Tag in ein Sieb abgießen, abbrausen und abtropfen lassen. 1 kleine Knoblauchzehe und 1 Stück Ingwer (ca. 1½ cm) schälen und grob hacken. Beides mit den Kürbiskernen, 1 Spritzer Zitronensaft, 2 EL Weißweinessig, 3 EL Petersilienblättchen, 50–70 ml kaltem Wasser und 2–3 EL Kürbiskernöl (ersatzweise Olivenöl) in ein hohes Mixgefäß geben und mit dem Stabmixer (oder noch besser in der Küchenmaschine) zu einer fluffigen Creme pürieren. Dabei je nach gewünschter Konsistenz noch etwas Wasser dazugeben. Die Creme mit Salz und Pfeffer würzen.

V GF LF R

BESSER, WEIL … diese Dips allesamt nicht nur noch mehr Aroma an Gemüse & Co. bringen, sondern zudem auch noch besonders gesunde Sattmacher sind, die uns mit reichlich Eiweiß, Fetten und Vitaminen versorgen.

BUCHWEIZEN-PILAW MIT JOGHURT-AUBERGINEN

Deckel zu und viel Aroma ist drin – so kennt man Pilaw aus der orientalischen Küche. Bildet normalerweise Reis die Grundlage, spielt hier einmal megagesundes Getreide die Hauptrolle.

Für die Auberginen:
2 Auberginen (à ca. 300 g)
2 EL Öl
1 Knoblauchzehe
Salz | Pfeffer
1 Stängel Dill
1 kleiner Stängel Minze
200 g griechischer Naturjoghurt
½ TL gemahlener Kreuzkümmel

Für den Pilaw:
1 Zwiebel
1 Knoblauchzehe
125 g Champignons
10 schwarze Oliven (in Öl)
2 Stängel Dill
1 EL Olivenöl
Salz | Pfeffer
1 TL Tomatenmark
150 g Buchweizen
200 g passierte Tomaten (Tetrapack)

Für 2 Personen
Zubereitungszeit: 55 Min.
Pro Portion: 650 kcal, 16 g EW, 35 g F, 68 g KH

GF

1 Für die Auberginen den Backofen auf 200° vorheizen. Ein Backblech mit Alufolie oder Backpapier auslegen. Auberginen waschen und längs halbieren, die Schnittflächen gitterförmig einschneiden und mit 1½ EL Öl einpinseln. Knoblauch schälen, in hauchfeine Scheiben schneiden und in die Einschnitte der Auberginen stecken. Mit Salz und Pfeffer würzen. Dann die Auberginen mit den Schnittfläche nach unten auf das Blech legen und mit dem restlichen Öl bepinseln. Im Ofen (Mitte) in 35–40 Min. weich garen.

2 Währenddessen den Dill und die Minze abbrausen und trocken schütteln, die Blättchen abzupfen und fein hacken. Den Joghurt mit Dill, Minze und dem Kreuzkümmel verrühren. Mit Salz und Pfeffer würzen.

3 Für den Pilaw Zwiebel und Knoblauch schälen und fein würfeln. Die Pilze putzen und in kleine Würfelchen schneiden. Die Oliven klein hacken, dabei falls nötig von den Steinen befreien. Den Dill abbrausen und trocken schütteln, die Blättchen abzupfen und grob hacken.

4 Das Olivenöl in einem Topf erhitzen. Darin Zwiebel und Knoblauch andünsten. Die Pilze dazugeben und bei starker Hitze anbraten, salzen und pfeffern. Tomatenmark und den Buchweizen dazugeben und unter Rühren kurz mitrösten. Dann 150 ml Wasser dazugießen, alles gut durchrühren und die passierten Tomaten und die Oliven untermischen. Den Pilaw bei geringer Hitze 20–25 Min. zugedeckt köcheln lassen. Mit Salz und Pfeffer abschmecken.

5 Die Auberginen aus dem Ofen nehmen, leicht abkühlen lassen. 1 EL Dill unter den Pilaw rühren und diesen auf Teller verteilen. Aubergine dazu- oder daraufgeben und den Joghurt darüberlöffeln. Alles mit dem restlichen Dill bestreuen.

GRÜN ESSEN

BUNT UND QUERBEET

BESSER WISSER

APFEL ODER BANANE IN DEN SMOOTHIE? IM HINBLICK AUF LANGE TRANSPORTWEGE UND ÖKOBILANZ WOHL EHER APFEL …

Das stimmt meistens, leider aber nicht immer: Wird der Apfel hierzulande gerade frisch geerntet und muss nicht lange gelagert werden, ist die Annahme korrekt. Liegt er aber bis zum Verkauf über Monate hinweg im Kühlhaus, wird dafür manchmal weit mehr Energie verbraucht, als für erntefrisches Obst, das per Schiff aus den Tropen kommt. Alles, was leicht verdirbt und schnell als Flugware hierher muss, ist in Sachen Klimabilanz immer kritisch.

DGE-Empfehlung: 250 g Obst …

ALSO BESSER AUF ERDBEEREN UND SPARGEL IM WINTER VERZICHTEN, DAFÜR NOTFALLS DEN APFEL AUS CHILE IM FRÜHJAHR?

Besser ist es auf jeden Fall, das zu nehmen, was es saisonal und regional gibt. Das schont nicht nur die Umwelt, sondern auch die gesunden Inhaltsstoffe, die Obst und Gemüse zu bieten haben. Im Supermarkt zu frischer, knackiger Ware – möglichst ohne Plastikverpackung – greifen und nachsehen, woher es kommt. Oder saisonal auf dem Wochenmarkt kaufen, wo es auch mal krumm und schief gewachsene Freilandware gibt, die einen höheren Nährstoffgehalt als makellose Treibhausware hat. Wenn nichts wirklich Frisches angeboten wird, sind auch einmal Tiefkühlgemüse oder Dosentomaten eine gute Alternative. Beides wird meist noch am Ursprungsort erntefrisch verarbeitet. So ist der Gesundfaktor garantiert um einiges höher, als bei lange gelagerter Frischware.

… 400g Gemüse

GENERELL GILT ABER BEI GEMÜSE, FRISCH IST IMMER BESSER?

Auf jeden Fall, denn dann sind noch am meisten von den Mineralstoffen und Vitaminen drin, die unser Körper braucht und die er oft nicht selbst erzeugen kann. Nicht zu vergessen: die sogenannten sekundären Pflanzenstoffe. Am meisten davon steckt übrigens in Freilandware. Ein Kopfsalat aus dem Treibhaus hat wirklich oft denselben Nährwert wie ein Stück Papier. Anders sieht es aber aus, wenn die Frühjahrskur mit einem Salat aus Radieschen, Kresse oder Löwenzahn startet – frisch vom Feld oder vom Markt.

Supergesundes Grün: Grünkohl

AUF DEN MARKT ZU GEHEN, IST OFT UMSTÄNDLICH, ABER IN EINER ÖKOKISTE IST ZU VIEL DRIN.

Ökokisten kann man sich heute ja oft schon (im Internet) selbst zusammenstellen und nur dann liefern lassen, wenn man sie auch wirklich braucht. Und außerdem: Zu viel Grün gibt's gar nicht. 650 g pro Tag – davon 400 g Gemüse und 250 g Obst – empfiehlt die DGE (Deutsche Gesellschaft für Ernährung) heute. Da kannst du ganz schön was futtern ...

ALSO SMOOTHIE MIT RADIESCHENGRÜN UND BANANE?

Warum eigentlich nicht – und gut für die Figur: Ein bisschen süßes Obst mit reichlich Gemüse kombiniert ist perfekt. Und ruhig mal nur eine halbe Banane nehmen, die restliche Banane lässt sich wie reife Beeren oder Sommerobst ideal in Portionen einfrieren – das macht den Smoothie super cremig oder ergibt eine flotte Nicecream (siehe S. 184).

UND WELCHE SORTEN SOLL ICH NEHMEN, GIBT ES DA GESUNDE UNTERSCHIEDE?

Manche Gemüse haben tatsächlich mehr zu bieten als wässriger Eisbergsalat. Einfach auf die Farbe schauen: Je dunkler und intensiver diese ist, desto besser. Dunkelgrünes Gemüse wie Grünkohl, Spinat oder Brokkoli, rote Tomaten, orange Möhren und violette Beeren verfügen alle über reichlich sekundäre Pflanzenstoffe, die auch für die intensive Färbung verantwortlich sind. So sind etwa der trendige Grünkohl, die Rote Bete oder das Blaukraut im Winter einfach ideal, wenn die Tomaten nur aus Hollands Treibhäusern kommen. Und übrigens: Oft stecken am meisten gesunde Inhaltsstoffe in dem, was wir häufig als Abfall ansehen – zum Beispiel in den Blättern von Möhren, Radieschen, Roten Beten oder Kohlrabi. Die kann man fast in jedem Smoothie prima mitverwerten oder auch einmal damit kochen.

KIMCHI-PFANNKUCHEN

Was tun, wenn man ein ganzes Glas Kimchi angesetzt hat? Natürlich unbedingt auch diese Lieblingsvorspeise aus dem koreanischen Lokal probieren. Kein Kimchi übrig? Siehe Variante!

100 g Reismehl
80 g Weizenmehl (Type 405)
1 EL Speisestärke
Salz | Pfeffer
2 Eier (M)
2 Frühlingszwiebeln
180 g Kimchi (siehe S. 118)
Rapsöl zum Braten

Für 2 Personen
Zubereitungszeit: 25 Min.
Pro Portion: 515 kcal, 22 g EW, 13 g F, 76 g KH

LF

1 Beide Mehlsorten mit der Speisestärke, Salz und Pfeffer in einer Schüssel vermischen. 300 ml eiskaltes Wasser (siehe Tipp) dazugießen und alles zu einem glatten, eher flüssigen Teig verrühren. Die beiden Eier dazugeben und nur ganz kurz – ohne allzu langes Rühren – gerade eben unterrühren.

2 Die Frühlingszwiebeln waschen, putzen und mit dem dunklen Grün schräg in möglichst feine Ringe schneiden. Das Kimchi in dünne Streifen schneiden und mit ein wenig Einweichlake sowie den Frühlingszwiebeln unter den Teig heben.

3 Reichlich Öl in einer großen Pfanne erhitzen. Die Hälfte des Teiges hineingeben und bei mittlerer bis starker Hitze braten, bis der Pfannkuchen unten knusprig und oben gerade eben gestockt ist. Wenden (eventuell mit Hilfe eines Tellers) und auch die zweite Seite knusprig backen. Den übrigen Teig ebenso verarbeiten.

4 Die Pfannkuchen in »handliche« Stücke schneiden und servieren. Dazu eventuell etwas Tamari zum Dippen mit auf den Tisch stellen und am besten einen Salat oder noch etwas Kimchi als Beilage reichen.

SO WIRD WASSER RICHTIG SCHÖN KALT

Dazu am besten eine kleine Schüssel mit Wasser 1–2 Std. vor dem Gebrauch ins Tiefkühlfach stellen. Das Wasser ist dann wirklich eiskalt, es kann sogar leicht gefroren sein – perfekt für den Teig!

VARIANTE: DEUTSCH-KOREANISCHE FREUNDSCHAFTSPFANNKUCHEN

Dafür den Teig wie beschrieben herstellen und die Frühlingszwiebeln schneiden. Anstelle des Kimchis einfach 200 g gut abgetropftes und ausgedrücktes Sauerkraut fein schneiden und mit den Zwiebelringen und ½ TL Chiliflocken oder etwas Chilisauce (z. B. Sriracha) unter den Teig rühren. Dann daraus Pfannkuchen backen.

GEMÜSE-TIAN MIT KRÄUTER-KRUSTE

Als Tian bezeichnet man in der Provence einen einfachen Auflauf aus Sommergemüsen. Er ist leicht und kalorienarm, also ideal für heiße Tage. Hier wird er mit einer Kräuterkruste kombiniert – ein satt machendes Sahnehäubchen, ohne Sahne.

1 große Zwiebel
2 Knoblauchzehen
6 Zweige Thymian
4–6 EL Olivenöl
Salz | Pfeffer
1 Aubergine
4 Eiertomaten
1 Zucchino
30 g Vollkorntoast
40 g Parmesan
25 g Mandeln
4 Stängel Basilikum
6 Stängel Petersilie

Für 2 Personen
Zubereitungszeit: 35 Min. (+ 1 Std. Garen)
Pro Portion: 535 kcal, 16 g EW, 43 g F, 19 g KH

1 Die Zwiebel schälen, längs halbieren und in feine Streifen schneiden. Den Knoblauch schälen und fein hacken. Den Thymian abbrausen und trocken schütteln, die Blättchen abzupfen und hacken. In einer beschichteten Pfanne 2 EL Olivenöl erhitzen. Darin die Zwiebel langsam glasig dünsten. Die Hälfte des Knoblauchs und des Thymians dazugeben und kurz mitdünsten. Vom Herd nehmen und wenig salzen und pfeffern.

2 Den Backofen auf 160° vorheizen. Das Gemüse waschen und putzen. Die Aubergine und die Tomaten quer in ca. 4 mm dünne Scheiben, den Zucchino in ca. 6 mm dünne Scheiben schneiden. Eine Auflaufform mit 1 EL Öl einpinseln, die Zwiebel auf dem Boden der Form verteilen. Darauf die Gemüsescheiben nebeneinander in Reihen dachziegelartig einschichten. Salzen, pfeffern und mit 1 EL Olivenöl beträufeln. Die Form mit Alufolie abdecken und das Gemüse im Ofen (Mitte) 25–30 Min. garen.

3 Den Toast und Parmesan in grobe Stücke schneiden und mit den Mandeln im Blitzhacker oder in der Küchenmaschine noch weiter zerkleinern. Basilikum und Petersilie abbrausen und trocken schütteln, Blättchen abzupfen und mit übrigem Thymian und Knoblauch zur Toastmischung geben. Restliches Öl dazugeben und alles zu feinen Bröseln zerkleinern. Mit Salz und Pfeffer würzen.

4 Den Gemüseauflauf aus dem Ofen holen, Folie abnehmen und die Ofentemperatur auf 200° erhöhen. Die Kräuterbrösel auf dem Gemüse verteilen. Den Auflauf wieder in den Ofen geben und in 25–30 Min. fertig garen und gratinieren, bis die Kräuterkruste knusprig und leicht gebräunt ist. Den Auflauf aus dem Ofen nehmen und noch 5 Min. ziehen lassen, dann servieren (oder auch lauwarm werden lassen). Nach Belieben Baguette dazu reichen.

OFEN-SÜSSKARTOFFEL MIT BOHNEN

Süßkartoffeln gehören zu den gesündesten Gemüsesorten überhaupt, sie sind prall gefüllt mit Nähr- und Vitalstoffen. Zudem helfen sie, den Blutzucker- und Cholesterinwert zu verbessern, reichlich Ballaststoffe sorgen für ein langes Sättigungsgefühl. Also nichts wie ran an diese gesunde Kartoffel, oder?!

2 große Süßkartoffeln (à ca. 400 g)
1 Dose schwarze Bohnen oder Kidneybohnen (ca. 240 g Abtropfgewicht)
1 kleine Zwiebel
1 Knoblauchzehe
1 EL Olivenöl
1 EL Tomatenmark
½ TL Chili-Gewürzmischung
50 g Cheddar oder junger Gouda
100 g saure Sahne
Salz | Pfeffer
1 Mini-Romanasalat
1 große Tomate
4 EL Korianderblättchen

Für 2 Personen
Zubereitungszeit: 20 Min. (+ 1¼ Std. Garen)
Pro Portion: 525 kcal, 19 g EW, 21 g F, 61 g KH

GF

1 Den Backofen auf 200° vorheizen. Die Süßkartoffeln gründlich waschen, ringsherum mit einer Gabel mehrmals tief einstechen und auf ein Backblech (möglichst mit Alufolie oder Backpapier ausgelegt) legen. Die Kartoffeln im Ofen (Mitte) ca. 1 Std.–1¼ Std. garen, dabei einmal wenden. Wenn sie sich leicht mit einem Messer einstechen lassen und beim Draufdrücken weich nachgeben, sind sie gar.

2 Die Bohnen in ein Sieb abgießen, dabei die Einlegeflüssigkeit auffangen. Zwiebel und Knoblauch schälen und fein würfeln. Das Öl in einem kleinen Topf erhitzen. Darin Zwiebel und Knoblauch andünsten. Das Tomatenmark dazugeben und kurz mitdünsten, dann die Bohnen untermischen. Etwas von der Einlegeflüssigkeit und das Chilipulver unterrühren und die Bohnen offen 5 Min. bei mittlerer Hitze kochen lassen. Dabei falls nötig noch etwas Einlegeflüssigkeit unterrühren, sie sollte aber am Ende fast verkocht sein.

3 Zwischendurch den Käse grob raspeln. Saure Sahne mit Salz und Pfeffer würzen und glatt verrühren. Den Salat putzen, in die einzelnen Blätter teilen, waschen und trocken schleudern. Die Blätter quer in dünne Streifen schneiden. Tomate waschen und klein würfeln, dabei den Stielansatz entfernen. Die Korianderblättchen nur ganz grob hacken.

4 Die Süßkartoffeln auf Teller verteilen, längs aufschneiden und das weiche Innere leicht mit einer Gabel aufbrechen. Bohnen, Romanasalat und Tomatenwürfel darauf häufen, mit saurer Sahne beträufeln und mit Käse und Koriander bestreuen.

1 TSP - 5 ml

SPAGHETTI MIT SCHLANKEM PESTO ROSSO

200 g Kirschtomaten
2 Zweige Thymian
2 Knoblauchzehen
2 EL Olivenöl
Salz | Pfeffer
30 g Mandeln
1 EL getrocknete Physalis
30 g getrocknete Tomaten
1 TL Kapern
250 g (Vollkorn-)Spaghetti

Für 2 Personen
Zubereitungszeit: 15 Min.
(+ 30 Min. Garen)
Pro Portion: 660 kcal,
24 g EW, 23 g F, 87 g KH

LF V

1 Den Backofen auf 200° vorheizen. Die Kirschtomaten waschen, halbieren und mit den Schnittflächen nach oben in eine ofenfeste Form legen.

2 Thymian abbrausen und trocken schütteln, die Blättchen abzupfen. Knoblauch schälen und in dünne Scheiben schneiden. Beides in der Form verteilen, dann die Kirschtomaten mit 1 EL Öl beträufeln, salzen und pfeffern. Im Ofen (Mitte) ca. 30 Min. garen, bis die Tomaten bräunen und leicht einschrumpeln.

3 Die Form aus dem Ofen nehmen und die Kirschtomaten kurz abkühlen lassen. Dann zusammen mit Thymian und Knoblauch, Mandeln, getrockneten Physalis und Tomaten, den abgetropften Kapern und dem restlichen Olivenöl im Blitzhacker nicht zu fein pürieren. Mit Salz und Pfeffer würzen.

4 Reichlich Wasser in einem großen Topf zum Kochen bringen, salzen. Darin die Spaghetti nach Packungsanweisung al dente garen. die Spaghetti in ein Sieb abgießen, ganz kurz abtropfen lassen, zurück in den Topf geben und mit dem Pesto mischen.

ZUCCHININUDELN MIT RUCOLAPESTO

1 Die Zucchini waschen, putzen und mit dem Spiralschneider in dünne Spiralen schneiden. Dabei am besten zwischendurch einmal durchschneiden, damit die »Nudeln« nicht zu lang werden. Zucchininudeln mit 2 Prisen Salz und 1 EL Öl mischen, kurz durchkneten und in ein Sieb geben. Die Nudeln 10 Min. ziehen und abtropfen lassen.

2 Währenddessen Mandeln in einer Pfanne rösten, bis sie duften, dann abkühlen lassen. Knoblauch schälen und grob hacken. Rucola verlesen, waschen und trocken schleudern, grobe Stängel abzupfen, die Blätter etwas kleiner schneiden. Die Basilikumblättchen von den Stängeln zupfen und hacken.

3 Ein paar Rucolablätter beiseitelegen, den Rest mit Knoblauch, Mandeln, Basilikum und Zitronensaft im Blitzhacker oder in der Küchenmaschine fein pürieren, dabei nach und nach das übrige Öl dazugeben. Parmesan unter das Pesto rühren, mit Salz und Pfeffer würzen.

4 Die Zucchininudeln mit dem Pesto und den beiseitegelegten Rucolablättern mischen und nochmals mit Pfeffer übermahlen.

BESSER-ESSER-TIPP
Für eine vegane Variante statt des Parmesans 2–3 EL Hefeflocken unter das Pesto rühren.

4 Zucchini
Salz
5–6 EL Olivenöl
50 g Mandeln
1 Knoblauchzehe
125 g Rucola
2 Stängel Basilikum
2 EL Zitronensaft
3 EL frisch geriebener Parmesan
Pfeffer
Außerdem:
Spiralschneider

Für 2 Personen
Zubereitungszeit: 15 Min.
Pro Portion: 490 kcal,
12 g EW, 46 g F, 6 g KH

GF R

ONE-POT-TOMATEN-SPINAT-PASTA

1 Zwiebel
1 Knoblauchzehe
1½ EL Kapern
1 Dose stückige Tomaten (400 g)
½ TL getrockneter Oregano
1 TL Agavendicksaft
200 g kurze Vollkornnudeln (z. B. Penne)
Salz | Pfeffer
250 g Blattspinat
1 EL Olivenöl
2 Stängel Basilikum

Für 2 Personen
Zubereitungszeit: 25 Min.
Pro Portion: 460 kcal, 21 g EW, 9 g F, 74 g KH

V LF

1 Zwiebel und Knoblauch schälen und klein würfeln, die abgetropften Kapern fein hacken. Mit Tomaten, Oregano, Agavendicksaft, Nudeln und ¼ l Wasser in einen Topf geben, salzen und pfeffern. Alles unter gelegentlichem Rühren erhitzen, dann zugedeckt bei geringer Hitze 12–15 Min. garen, dabei regelmäßig durchrühren. Damit die Nudeln nicht am Topfboden ankleben, eventuell noch etwas Wasser dazugeben.

2 Währenddessen den Spinat verlesen, gründlich waschen und gut trocken schleudern. Sehr dicke Stängel wegbrechen. Die Spinatblätter bündelweise zusammennehmen und in breite Streifen schneiden. Die Basilikumblättchen abzupfen und grob schneiden.

3 Kurz vor Garzeitende den Spinat mit dem Öl unter die Nudeln mischen. Die Pasta nochmals salzen und pfeffern und den Spinat in 2–3 Min. zusammenfallen lassen, dazu alles zwei- bis dreimal gut durchrühren. Die Pasta mit Basilikum bestreuen und servieren.

BESSER-ESSER-TIPP
Lust auf ein Käse-Topping? Wer nicht unbedingt vegan und lactosefrei essen mag und Käse liebt, gibt noch ein wenig frisch geriebenen Parmesan oder Ricotta auf die Pasta.

ONE-POT-FRÜHLINGSPASTA

1 Den Spargel waschen, sehr holzige Enden abschneiden und falls nötig den unteren Teil der Stangen schälen. Den Spargel schräg in 3 cm lange Stücke schneiden. Die Pilze putzen und in dicke Scheiben schneiden. Schalotten und Knoblauch schälen und fein würfeln.

2 Die vorbereiteten Zutaten mit den Nudeln in einen großen Topf geben. Die Gemüsebrühe und 100 g Mandelsahne dazugeben. Die Zitrone heiß waschen und abtrocknen, die Schale abreiben und mit dem Senf ebenfalls in den Topf geben. Alles aufkochen, gut durchrühren, salzen und pfeffern und zugedeckt 10 Min. bei mittlerer Hitze garen, dabei immer wieder einmal gründlich umrühren.

3 Inzwischen den Saft der Zitrone auspressen. Kräuter abbrausen und trocken schütteln, die Blättchen abzupfen und jeweils hacken.

4 Die Erbsen und den Estragon in den Topf geben und die übrige Mandelsahne angießen. Die Pasta weitere 5 Min. zugedeckt garen, dabei immer wieder umrühren. Mit Salz, Pfeffer und 1–2 EL Zitronensaft abschmecken, Petersilie darüberstreuen und die Pasta servieren.

250 g dünner grüner Spargel
250 g Champignons
2 Schalotten
1 Knoblauchzehe
200 g kurze Nudeln (z. B. Penne)
300 ml Gemüsebrühe
200 g Mandelsahne
½ Bio-Zitrone
1 TL (körniger) Dijon-Senf
Salz | Pfeffer
1 Stängel Estragon
2 Stängel Petersilie
100 g TK-Erbsen

Für 2 Personen
Zubereitungszeit: 30 Min.
Pro Portion: 530 kcal, 20 g EW, 11 g F, 84 g KH

V LF

NO, LOW, SLOW

ODER DOCH KOHLENHYDRATE?

BESSER WISSER

PASTA BEIM ITALIENER? AUF GAR KEINEN FALL, IM MOMENT IST NO-CARB-DIÄT ANGESAGT.

Du isst also gerade überhaupt keine Kohlenhydrate, keine Nudeln, keinen Reis, kein Brot, nichts Süßes? Das stelle ich mir schwierig vor. Ich würde sicher in Nullkommanichts schlechte Laune bekommen und mein Hirn würde auf Sparflamme schalten.

Schnelle Kohlenhydrate ...

HELFEN KOHLENHYDRATE BEIM DENKEN? UND SCHOKOLADE GEGEN SCHLECHTE LAUNE?

Kohlenhydrate sind in der Tat »Brainfood«: Rund 100 g Kohlenhydrate pro Tag braucht unser Kopf. Sonst schwächelt zum Beispiel das Langzeitgedächtnis und die Reaktionsgeschwindigkeit lässt nach, wie amerikanische Studien herausfanden. Für gute Laune ist Schokolade oder Süßes wirklich die schnellste Lösung. Langfristig allerdings eher nicht – sonst kann man die Jeans einmotten. Besser ist da die berühmte Handvoll Nüsse oder auch mal eine gute Pasta.

... oder besser langsame.

GIBT ES BEI KOHLENHYDRATEN UNTERSCHIEDE? GIBT'S GUTE UND SCHLECHTE?

Gut und schlecht kann man nicht sagen. Wie sicher bekannt ist, bestehen Kohlenhydrate aus Zucker: Einfach- und Zweifachzucker, wie sie in Honig, Obst oder auch Milch vorkommen, und die tatsächlich bereits süß schmecken. Darüber hinaus gibt es langkettige Mehrfachzucker, die in stärkehaltigen Lebensmitteln wie Nudeln, Hülsenfrüchten und teilweise in Gemüse vorkommen. Die Einfachen, wie etwa Traubenzucker, geben uns einen schnellen Energiekick – ideal bei schwierigen Denkaufgaben oder beim Sport. Sie wirken so fix, weil sie direkt in unser Blut befördert werden. Bei Mehrfachzuckern geht das nicht ganz so einfach: Die müssen bei der Verdauung erst noch in Einfachzucker zerlegt werden. Die Energie kommt langsamer, erst nach und nach an und verpufft nicht so schnell wie bei Schokolade.

MACHEN »LANGSAME« KOHLENHYDRATE WIRKLICH LÄNGER SATT?

Ja, und vor allem dann, wenn sie zusätzlich Ballaststoffe enthalten, wie das zum Beispiel bei Gemüse der Fall ist. Diese unverdaulichen Kohlenhydrate bringen dem Körper zwar keine direkte Energie, füllen dafür aber ordentlich den Magen. Das hält länger satt und regt gleichzeitig eine gesunde Verdauung an – also von wegen unnötiger Ballast. So werden langsame Kohlenhydrate zu superlangsamen – zu echten Slow Carbs also.

UND WAS IST BESONDERS BALLASTSTOFFREICH, WAS SIND SLOW CARBS?

Vereinfacht gesagt auf jeden Fall alles, bei dem »Voll-« vornedran steht. Deshalb besser schon zum Frühstück Vollkorn- statt Weißbrot nehmen. Und vor allem Gemüse und Obst. Oder auch Hülsenfrüchte, Nüsse, Saaten und natürlich »volles«, unverarbeitetes Korn.

DANN DOCH PASTA? AM BESTEN »INTEGRALE«, WIE DAS IN ITALIEN HEISST?

Klar. Wer schlank werden will, hält sich nicht immer an strenge Regeln: besser heute mal richtig bei Kohlenhydraten zuschlagen, morgen Abend gibt es dafür keine und das Frühstück ist mit Slow Carbs. Je weniger sich der Körper und Stoffwechsel an eine bestimmte »Diät« gewöhnen, desto größer ist die Chance, damit abzunehmen. Und man hat nicht den üblichen Diät-Frust, auf etwas völlig verzichten zu müssen.

DANN ALSO HEUTE ABEND MAL PASTA – ABER MIT WELCHER SAUCE?

Nudeln mit Gemüse oder einer Aglio olio mit etwas gutem Olivenöl sind besser als Spaghetti Carbonara oder Pasta mit Sahnesauce: Tierische Fette in Kombi mit einfachen Kohlenhydraten schlagen sich langfristig als unerwünschte Kilos nieder – aber darüber können wir ein andermal reden (siehe S. 142), jetzt ab zum Italiener.

ONE-POT-GEMÜSEQUINOA

80 g Cashewnüsse | 80 g Quinoa
1 Zwiebel | 1 kleiner Kohlrabi
250 g Romanesco oder Blumenkohl
2 EL Olivenöl
170 ml Gemüsebrühe
80 g TK-Edamame oder -Erbsen
Salz | Pfeffer | 1 Schalotte
1 TL (körniger) Dijon-Senf
50 ml Weißwein
3–4 Stängel Frühlingskräuter
(z. B. Petersilie, Estragon, Dill)
1 EL Hefeflocken
2 Spritzer Zitronensaft

Für 2 Personen
Zubereitungszeit: 45 Min.
(+ 8 Std. Einweichen)
Pro Portion: 580 kcal,
22 g EW, 31 g F, 48 g KH

V GF LF

1 Die Cashewnüsse in eine Schüssel geben und 200 ml Wasser dazugießen. Die Nüsse ca. 8 Std (oder über Nacht) einweichen.

2 Dann Quinoa in ein feines Sieb geben, gründlich mit heißem Wasser abbrausen, um alle Bitterstoffe zu entfernen, und abtropfen lassen. Die Zwiebel schälen und fein würfeln. Den Kohlrabi schälen und in ca. 1½ cm große Würfel schneiden. Romanesco oder Blumenkohl waschen, putzen und in kleine Röschen teilen.

3 In einem Topf 1 EL Öl erhitzen. Darin die Zwiebel andünsten. Kohlrabi und Romanesco oder Blumenkohl dazugeben und kurz mitdünsten. Die Gemüsebrühe dazugießen, Quinoa und Edamame oder Erbsen unterrühren. Alles zugedeckt 25–30 Min. bei geringer Hitze garen, bis alle Flüssigkeit aufgesogen ist.

4 Inzwischen Schalotte schälen und fein würfeln. Übriges Olivenöl in einem kleinen Topf erhitzen. Darin die Schalotte goldbraun anbraten, den Senf unterrühren und mit Wein (oder auch Wasser) ablöschen. Die Flüssigkeit bei mittlerer Hitze einkochen lassen, Topf vom Herd nehmen. Kräuter abbrausen und trocken schütteln, Blättchen abzupfen und hacken.

5 Die Cashewnüsse in ein Sieb abgießen, das Einweichwasser auffangen. Nüsse mit Senfschalotten, Kräutern, Hefeflocken und ca. 80 ml Einweichwasser fein-cremig pürieren. Bei Bedarf noch etwas Einweichwasser dazugeben. Den Dip mit Salz, Pfeffer und Zitronensaft würzen. Die Gemüsequinoa auf Teller verteilen und mit dem Dip anrichten.

ONE-POT-THAI-NUDELN

1 Die Frühlingszwiebeln waschen und putzen, grüne und weiße Teile getrennt in feine Ringe schneiden. Den Knoblauch und Ingwer schälen und fein hacken. Das Zitronengras waschen und unschöne äußere Blätter entfernen, die unteren 10 cm jeder Stange längs in Viertel schneiden und fein hacken.

2 Kokosmilch, Gemüsebrühe und Tamari in einen Topf geben. Die weißen Zwiebelringe, Knoblauch, Ingwer und Zitronengras samt dem Erdnussmus dazugeben und zum Kochen bringen, gut verrühren. Die Spaghetti in der Mitte durchbrechen und einrühren. Zugedeckt 12–15 Min. bei geringer bis mittlerer Hitze garen, dabei regelmäßig durchrühren und bei Bedarf noch etwas Wasser dazugeben.

3 Inzwischen den Rotkohl waschen und den dicken Strunk keilförmig herausschneiden. Die Paprikaschote halbieren, putzen und waschen, Möhre schälen. Das Gemüse in möglichst feine Streifen schneiden oder hobeln. Erdnüsse und Koriander jeweils grob hacken.

4 Kurz vor Garzeitende das Gemüse unter die Nudeln rühren und 2 Min. mitgaren, eventuell mit Salz abschmecken. Topf vom Herd nehmen, die Nudeln auf Schüsseln verteilen und mit gehackten Erdnüssen, Koriander und Zwiebelgrün bestreuen.

3 Frühlingszwiebeln
2 Knoblauchzehen
1 Stück Ingwer (ca. 4 cm)
2 Stangen Zitronengras
200 ml Kokosmilch
200 ml Gemüsebrühe
2 EL Tamari (glutenfreie Sojasauce)
2 EL Erdnussmus | 80 g Spaghetti
120 g Rotkohl
1 kleine rote Paprikaschote
1 Möhre
2 EL ungesalzene geröstete Erdnüsse
3 EL Korianderblättchen | Salz

Für 2 Personen
Zubereitungszeit: 25 Min.
Pro Portion: 580 kcal,
20 g EW, 33 g F, 54 g KH

V LF

RUCK-ZUCK-PFANNEN-PIZZA

200 g Instant-Polenta
50 g Weizenmehl (Type 550)
1 TL Backpulver | Salz
½ TL getrockneter Oregano
2 Msp. Chiliflocken
50 g Bergkäse
1 Ei (M)
150 ml Milch
1 Kugel Mozzarella (125 g)
3 EL Olivenöl
125 g Tomatensugo (selbst gemacht, siehe S. 165, oder fertig gekauft)
1 Bund Rucola (ca. 50 g)
Pfeffer

Für 2 Personen
Zubereitungszeit: 20 Min. (+ 20 Min. Backen)
Pro Portion: 935 kcal, 38 g EW, 43 g F, 99 g KH

1 Den Backofen auf 180° vorheizen. Die Polenta mit Mehl, Backpulver, ½ TL Salz, Oregano und Chili mischen. Den Bergkäse fein reiben und mit Ei und Milch zügig unter das Polentamehl rühren, bis eine glatte Teigmasse entsteht (eventuell noch etwas Milch zugeben). Den Mozzarella in dünne Scheiben schneiden.

2 In einer ofenfesten (Gusseisen-)Pfanne (24 cm Ø) 2 EL Öl erhitzen und durch Schwenken der Pfanne auf dem Pfannenboden verteilen. Teigmasse hineingeben und glatt verstreichen. Auf dem Herd bei geringer bis mittlerer Hitze 3–5 Min. garen, bis die Masse oben fest ist.

3 Pfanne vom Herd nehmen, Tomatensugo auf dem Fladen verstreichen, dabei rundherum einen kleinen Rand frei lassen. Fladen mit Mozzarella belegen. Im Ofen (Mitte) 12–15 Min. backen, bis die Ränder bräunen und der Käse zerlaufen ist. Dann eventuell den Backofengrill zuschalten und die Pizza in weiteren 3–5 Min. goldbraun backen.

4 Währenddessen vom Rucola alle harten Stängel abschneiden, die Blätter waschen und trocken schleudern. Die Pizza aus dem Ofen nehmen, den Rucola darauf verteilen, leicht salzen und pfeffern und mit übrigem Öl beträufeln.

✪ BESSER-ESSER-TIPP

Für eine glutenfreie Pizza das Weizenmehl durch 30 g Instant-Polenta und 2 EL Kartoffelstärke ersetzen. Allerdings wird die Kruste dann nicht ganz so knusprig.

DIE-PASST-IMMER-TOMATENSAUCE

1 Die Tomaten waschen, jeweils auf der gewölbten Seite kreuzweise einritzen und in eine Schüssel legen. Mit kochend heißem Wasser überbrühen und ca. 10 Min. ruhen und ziehen lassen, dann das Wasser abgießen.

2 Die Tomaten häuten und grob schneiden, dabei die Stielansätze entfernen. (Wer Dosentomaten nimmt, die Tomaten in der geöffneten Dose mit einem Messer grob zerteilen.) Den Knoblauch schälen und fein hacken.

3 Das Öl in einem Topf erhitzen. Darin den Knoblauch bei geringer Hitze andünsten. Mit Weißwein ablöschen und den Wein verkochen lassen. Dann – oder wer keinen Wein nimmt sofort – die Tomaten (samt Saft) dazugeben, mit Oregano, Salz und Pfeffer würzen.

4 Die Sauce bei geringer Hitze 45–60 Min. offen köcheln lassen, dabei immer mal wieder umrühren. Die Tomatensauce sollte am Ende schön sämig sein.

VORRAT GEFÄLLIG?
Diese Sauce ist besser als jedes gekaufte Tomatensugo – also nicht nur sofort zu Nudeln (pur oder mit gebratenem oder gegrilltem Gemüse gemischt) essen, sondern auch mal einen Vorrat anlegen: Die heiße Sauce in gründlich gereinigte Schraubflaschen oder Gefrierdosen füllen, gut verschließen. Haltbarkeit: ca. 1 Woche im Kühlschrank, tiefgekühlt ca. 2 Monate.

1 kg Tomaten (ersatzweise 800 g geschälte Dosentomaten)
2 Knoblauchzehen
2 EL Olivenöl
50 ml Weißwein (nach Belieben)
½ TL getrockneter Oregano
Salz | Pfeffer

Für 6 Personen
Zubereitungszeit: 20 Min. (+ 10 Min. Ruhen, 1 Std. Kochen)
Pro Portion: 65 kcal, 2 g EW, 3 g F, 5 g KH

V GF LF

CHAMPIGNON-QUICHE MIT KRÄUTERN

Eine Quiche ist genau das Richtige, wenn Gäste kommen. Gut vorbereitet, bäckt sie später ganz von alleine. Bleibt etwas übrig, umso besser, sie schmeckt am nächsten Tag auch kalt.

Für den Teig:
75 g Butter
150 g Weizenmehl (Type 550)
¼ TL Salz
Für den Belag:
500 g braune Champignons
1 Bund Rucola (ca. 50 g)
1 Bund Petersilie
2 Schalotten
2 EL Olivenöl
Salz | Pfeffer
60 g Bergkäse
200 g saure Sahne
1 TL (körniger) Dijon-Senf
4 Eier (M)
frisch geriebene Muskatnuss
Außerdem:
Fett für die Form
Mehl zum Arbeiten

Für 1 Quiche- oder Tarteform (28 cm Ø, 12 Stücke)
Zubereitungszeit: 30 Min. (+ 1 Std. Ruhen, 40 Min. Backen)
Pro Stück: 180 kcal, 7 g EW, 12 g F, 10 g KH

1 Für den Teig die Butter bei geringer Hitze schmelzen. Das Mehl und Salz in einer Schüssel vermischen. Butter und 75 ml Wasser dazugeben und alles zügig mit einem Löffel verrühren und den Teig zu einer Kugel formen. Dabei nicht kneten und drücken, die Zutaten sollen sich einfach nur gerade eben verbinden. Die Teigkugel in Klarsichtfolie wickeln und ca. 1 Std. im Kühlschrank ruhen lassen.

2 Für den Belag die Champignons putzen und in dicke Scheiben schneiden. Den Rucola und die Petersilie abbrausen und trocken schütteln. Vom Rucola dicke Stängel abzupfen, die Blätter grob schneiden. Die Petersilienblättchen abzupfen und grob hacken. Die Schalotten schälen und fein würfeln.

3 Das Öl in einer großen Pfanne erhitzen, darin die Schalotten andünsten. Pilze dazugeben und unter Rühren bei starker Hitze braten, bis sie bräunen – dabei sollte sich keine Flüssigkeit bilden (sollte sich aber Flüssigkeit ansammeln, diese komplett verdampfen lassen). Pilze kräftig salzen, pfeffern, Rucola und Petersilie dazugeben und kurz zusammenfallen lassen. Dann die Kräuterpilze in ein Sieb geben und abkühlen und abtropfen lassen.

4 Den Backofen auf 200° vorheizen, die Form gut einfetten. Den Bergkäse fein reiben. Die saure Sahne gründlich mit Senf und Eiern verquirlen, den Guss kräftig mit Salz, Pfeffer und Muskatnuss würzen. Den Teig auf einer bemehlten Arbeitsfläche dünn rund ausrollen und die Form damit auskleiden, dabei einen kleinen Rand formen. Den Teigboden mehrmals mit einer Gabel einstechen.

5 Die Kräuterpilze eventuell etwas ausdrücken, dann mit gut der Hälfte des Käses mischen und auf dem Teigboden verteilen. Die Pilze mit dem restlichen Käse bestreuen und den Guss gleichmäßig darübergeben. Die Quiche im Ofen (Mitte) in 35–40 Min. goldbraun backen. Vor dem Anschneiden ca. 5 Min. ruhen lassen.

FENCHEL-FLAMMKUCHEN MIT WALNÜSSEN

Dieses feine Abendessen gefällt auch Gästen. Denn wer hat behauptet, die herrlich knusprigen Fladen würden nur mit Speck und Zwiebel schmecken …

Für den Teig:
80 g Weizenmehl (Type 550)
50 g Roggenmehl (Type 1150)
1 TL Trockenhefe
⅓ TL Salz
1 TL Olivenöl

Für den Belag:
2 rote Zwiebeln
1 Knoblauchzehe
1 großer Fenchel (ca. 450 g)
2 Zweige Thymian
50 g Walnüsse
3 EL Olivenöl
Salz | Pfeffer
150 g Sojajoghurt
frisch geriebene Muskatnuss

Außerdem:
Mehl zum Arbeiten

Für 2 Personen
Zubereitungszeit: 1 Std. 10 Min. (+ 15 Min. Backen)
Pro Portion: 635 kcal, 18 g EW, 37 g F, 58 g KH

V LF

1 Für den Teig beide Mehlsorten mit der Hefe und dem Salz in einer Rührschüssel mischen. Das Olivenöl und 90 ml lauwarmes Wasser nach und nach zum Mehl geben und alles mit den Knethaken des Handrührgeräts zu einem glatten, geschmeidigen Teig verkneten – erst 4 Min. bei kleiner Stufe, dann 4–6 Min. bei großer Stufe. Den Teig zur Kugel formen, in die bemehlte Schüssel legen und zugedeckt an einem warmen Ort 45 Min. gehen lassen.

2 Inzwischen für den Belag die Zwiebeln schälen und in schmale Streifen schneiden. Knoblauch schälen und fein hacken. Fenchel waschen, putzen, vierteln und den Strunk herausschneiden. Die Fenchelviertel quer in schmale Streifen schneiden. Den Thymian abbrausen, trocken schütteln und die Blättchen abzupfen. Die Walnüsse in grobe Stücke brechen.

3 In einer beschichteten Pfanne 1½ EL Öl erhitzen. Darin den Fenchel und Knoblauch bei mittlerer Hitze braten, bis der Fenchel leicht bräunt. Salzen und pfeffern, 4 EL Wasser dazugeben und den Fenchel garen, bis das Wasser verkocht ist. Den Fenchel aus der Pfanne nehmen, die Pfanne sauber auswischen.

4 Das übrige Öl in der Pfanne heiß werden lassen. Darin die Zwiebeln bei geringer bis mittlerer Hitze glasig dünsten, dabei gegen Ende den Thymian dazugeben und mitdünsten, vom Herd nehmen. Den Sojajoghurt kräftig mit Salz, Pfeffer und Muskatnuss würzen.

5 Den Backofen auf 230° vorheizen. Ein Backblech mit Backpapier auslegen. Den Teig auf eine bemehlte Arbeitsfläche geben, kurz durchkneten und in zwei Portionen teilen. Jede Teigportion zu einem möglichst dünnen, länglichen Fladen ausrollen (oder alternativ einen großen Fladen formen). Die Fladen nebeneinander aufs Blech legen und bis zum Rand mit Sojajoghurt bestreichen. Zwiebeln, Fenchel und Walnüsse miteinander mischen, sodass alles gut mit Öl überzogen ist, dann auf den Fladen verteilen. Im Ofen (unten) in 12–15 Min. knusprig braun backen. Sofort servieren.

BESSER-ESSER-TIPP

Für eine etwas klassischere, allerdings nicht vegane und lactosefreie Variante statt des Sojajoghurts 80 g Crème fraîche mit 50 g saurer Sahne mischen, kräftig mit Salz, Pfeffer und Muskatnuss würzen und auf den Fladen verteilen.

PARTY-PIZZA-ZUPFBROT

Außen herrlich knusprig, innen schön fluffig und am besten noch ofenwarm – da möchte doch jeder am liebsten mehrmals zugreifen, zupfen und rupfen. Also ranhalten, denn blitzschnell ist alles weg.

150 g Dinkelmehl (Type 630)
200 g Weizenmehl (Type 550)
1 Päckchen Trockenhefe (für 500 g Mehl)
1 TL Salz
1½ TL getrockneter Oregano
3 EL Olivenöl
1 TL Ahornsirup
10 schwarze Oliven (ohne Stein)
120 g Emmentaler
1 große Knoblauchzehe
150 g Tomatensugo (selbst gemacht, siehe S. 165, oder fertig gekauft)
2 Msp. Chilipulver (nach Belieben)

Außerdem:
Fett für die Form

Für 1 Kastenform (30 cm Länge, ca. 16 Stücke)
Zubereitungszeit: 25 Min. (+ 1 Std. 30 Min. Ruhen, 35 Min. Backen)
Pro Stück: 135 kcal, 5 g EW, 6 g F, 16 g KH

1 Beide Mehlsorten mit Hefe, Salz und der Hälfte des Oreganos in der Rührschüssel der Küchenmaschine (alternativ das Handrührgerät verwenden) mischen. 200 ml lauwarmes Wasser mit Öl und Sirup verrühren und zum Mehl geben. Alles mit dem Knethaken zu einem glatten, geschmeidigen Teig verkneten – erst 4 Min. auf kleiner Stufe, dann in 4–6 Min. auf großer Stufe. Den Teig zur Kugel formen, in die bemehlte Schüssel legen und zugedeckt an einem warmen Ort 45–60 Min. gehen lassen, bis sich das Teigvolumen verdoppelt hat.

2 Die Oliven in dünne Ringe schneiden, den Käse fein reiben. Den Knoblauch schälen, durch die Presse drücken und mit übrigem Oregano unter das Tomatensugo mischen. Das Sugo nach Belieben noch mit Chilipulver würzen. Die Form gut einfetten.

3 Den Teig auf einer bemehlten Arbeitsfläche knapp 1 cm dick rechteckig ausrollen und gleichmäßig mit dem Sugo bestreichen, Käse und Oliven darauf verteilen. Den Teig in gleich große Quadrate (ein wenig kleiner als die Form) schneiden und dann in vier bis fünf Stapeln aufeinanderlegen. Diese Stapel nebeneinander in die Form setzen – mit den Schnittkanten nach oben. Die Form muss nur locker gefüllt sein, da der Teig noch aufgeht. Mit einem Küchentuch abdecken und den Teig an einem warmen Ort nochmals 30 Min. gehen lassen.

4 Den Backofen auf 180° vorheizen. Das Pary-Pizza-Zupfbrot im Ofen (Mitte, Umluft nicht empfehlenswert) in 30–35 Min. goldbraun und knusprig backen. Herausnehmen, auf einem Kuchengitter etwas abkühlen lassen. Dann das Brot aus der Form stürzen und lauwarm abkühlen lassen. Möglichst noch lauwarm am Stück servieren, sodass sich jeder ein eigenes Stück abzupfen kann.

✪ BESSER-ESSER-TIPP

Für eine vegane Variante des Zupfbrots auf den Emmentaler verzichten und stattdessen 10 grob gehackte grüne Oliven (oder gerne auch schwarze, wenn man davon noch welche übrig hat) und 2 EL fein gehackte Kapern auf den mit Tomatensugo bestrichenen Hefeteig streuen. Dann keinen getrockneten Oregano unter das Sugo mischen, sondern besser 2 EL gehackten frischen Thymian.

GEWÜRZ-KÜRBISKUCHEN

Lieber zum Frühstück oder zum Kaffeeklatsch? Lässt sich bei diesem Kuchen schwer sagen, denn mit Butter schmeckt er bereits am frühen Morgen anstelle von Brot – mit oder ohne Kaffee ...

250 g Dinkelmehl (Type 630)
250 g Weizenvollkornmehl
1 TL Zimtpulver
1½ TL Lebkuchengewürz
⅓ TL Salz
1 Pck. Backpulver
225 ml Mandelmilch
1 EL Obstessig
120 ml Sonnenblumenöl
200 g (Demerara-)Rohrohrzucker
40 g Leinsamenmehl
350 g Kürbispüree (siehe Tipp)
Außerdem:
Öl und Semmelbrösel
für die Form

Für 1 Kastenform (30 cm Länge, ca. 16 Scheiben)
Zubereitungszeit: 30 Min.
(+ 1 Std. Backen)
Pro Scheibe: 275 kcal,
5 g EW, 13 g F, 35 g KH

V LF

1 Den Backofen auf 180° vorheizen. Die Form mit Öl einpinseln und mit Semmelbröseln ausstreuen. Beide Mehlsorten, Zimt, Lebkuchengewürz, Salz und Backpulver vermischen. Die Mandelmilch mit dem Obstessig verrühren.

2 Das Sonnenblumenöl in eine Rührschüssel geben und mit den Schneebesen des Handrührgeräts (oder in der Küchenmaschine) aufschlagen, dabei nach und nach den Rohrzucker dazugeben. Ein Drittel der Mandelmilch und das Leinsamenmehl dazugeben und 3–4 Min. weiterrühren, bis eine luftige Masse entstanden ist. Dann nach und nach die Mehlmischung abwechselnd mit der übrigen Mandelmilch unterrühren. Zuletzt noch das Kürbispüree unterrühren. Den Teig zügig in die Form füllen und glatt streichen.

3 Den Kürbiskuchen im Ofen (Mitte) 40–60 Min. backen, dabei am Ende die Stäbchenprobe machen: Wenn an einem tief in den Kuchen gestochenen Holzstäbchen (z. B. Zahnstocher) kein feuchter Teig mehr kleben bleibt, ist der Kuchen gar.

4 Die Form aus dem Ofen nehmen und den Kuchen auf einem Kuchengitter etwas abkühlen lassen, dann aus der Form stürzen und auskühlen lassen. Der Kürbiskuchen schmeckt nicht nur pur, sondern auch als »Frühstückskuchen« mit Butter, Honig oder Nussmus bestrichen oder mit etwas Ahornsirup beträufelt.

KÜRBISPÜREE SELBER MACHEN

Dafür 1 Kürbis (am besten Hokkaido oder Butternut) waschen und halbieren oder in dicke Spalten schneiden, Kerne und Fasern herauskratzen. Die Schale des Kürbis mehrmals mit dem Messer tief einstechen, das Fruchtfleisch mit wenig Öl bepinseln. Kürbishälften oder -spalten mit der Schalenseite nach oben auf ein mit Alufolie oder Backpapier ausgelegtes Backblech oder in eine große, ofenfeste Form legen. Im auf 180° vorgeheizten Backofen (Mitte) je nach Größe und Dicke der Kürbisstücke in 35–60 Min. richtig weich garen. Herausnehmen, auskühlen lassen und dann das Fruchtfleisch von der Schale kratzen (beim Hokkaido kann man die Schale mitpürieren). Für reines Kürbispüree (ohne Schale) braucht man etwa die doppelte Menge an frischem Kürbis, also für 350 g Püree gut 700 g Kürbis. Es lohnt sich aber, mehr Püree zuzubereiten und nicht verwendete Reste portionsweise einzufrieren. Bei Bedarf auftauen und für diesen Kuchen oder als Suppengrundlage verwenden.

Hotel
Avalon

TARTE TATIN

Egal ob als Kuchen zum Kaffee oder als opulentes Dessert – diese Tarte ist ein echtes Highlight! In glutenfreier Variante mit Buchweizenmehl entwickelt der französische Klassiker völlig neue Aromen.

Für den Teig:
80 g Reisvollkornmehl
80 g Buchweizenmehl
40 g gemahlene Erdmandeln oder Mandelmehl
1 EL Chia-Samen
1 EL Pfeilwurzelstärke
1 gestr. TL Backpulver
1 Prise Salz
2 EL Zucker (nach Belieben)
120 g kalte Butter
1 Ei (M)

Für den Belag:
1 kg große Äpfel
1 EL Zitronensaft
80 g Zucker
2 EL Honig
50 g Butter
¼ TL Zimtpulver

Für 1 Tarteform (26 cm Ø, ca. 12 Stücke)
Zubereitungszeit: 35 Min. (+ 2 Std. Kühlen, 25 Min. Garen, 20 Min. Backen)
Pro Stück: 255 kcal, 3 g EW, 14 g F, 29 g KH

GF

1 Beide Mehlsorten mit Erdmandeln oder Mandelmehl vermischen. Chia-Samen im Mörser fein zermahlen und mit Pfeilwurzelstärke, Backpulver, Salz und nach Belieben Zucker unter das Mehl mischen, auf ein Arbeitsbrett häufen. Die kalte Butter in kleinen Flöckchen dazugeben und mit einem großen Messer unterhacken. Dann das Ei und 3 EL (eis-)kaltes Wasser dazugeben und ebenfalls gut unterhacken. Alles mit den Händen zügig zu einem glatten Teig verkneten, zur Kugel formen, in Klarsichtfolie wickeln und im Kühlschrank 1–2 Std. kühlen.

2 Den Backofen auf 200° vorheizen. Für den Belag Äpfel schälen, achteln und entkernen. Die Apfelachtel sofort im Zitronensaft wenden, damit sie nicht braun werden.

3 In einer beschichteten Pfanne 60 g Zucker langsam schmelzen. Honig und 25–30 g Butter dazugeben und unter Rühren goldbraun karamellisieren lassen. Den Karamell in die Tarteform geben und zügig so gut wie möglich auf dem Formboden verteilen (das muss aber nicht ganz gleichmäßig sein).

4 Die Apfelachtel dicht aneinander in der Form anordnen. Den restlichen Zucker mit Zimt mischen und darüberstreuen, übrige Butter in Flöckchen darauf verteilen. Im Ofen (Mitte, Umluft nicht empfehlenswert) 25 Min garen, dabei die Äpfel ein- bis zweimal mit dem austretenden Saft begießen. Herausnehmen und die Äpfel abkühlen lassen, das dauert rund 1 Std. Den Ofen ausschalten.

5 Dann den Backofen nochmals auf 200° vorheizen. Die Äpfel in der Form schön bündig zusammenschieben, dabei rundherum einen kleinen Spalt zum Formrand hin freilassen. Den Teig auf Backpapier (oder auf einer bemehlten Backmatte) in Formgröße dünn ausrollen und anschließend mithilfe des Papiers auf die Äpfel legen. Den Teig am Rand so um die Äpfel herum formen, dass er gut abschließt. Im Ofen (Mitte) in ca. 20 Min backen, bis der Teig leicht bräunt. Herausnehmen und die Tarte an den Rändern mit einem Messer von der Form lösen, 15 Min. abkühlen lassen. Dann vorsichtig auf eine Kuchenplatte stürzen. Am besten lauwarm servieren. Wer will, reicht dazu ungesüßte (Kokos-)Schlagsahne.

PFANNE STATT FORM

Wer eine passende Gusseisenpfanne hat, kann den Karamell darin herstellen und dann auch die Apfelstücke darin auf dem Herd bei geringer Hitze in 20–25 Min. gar dünsten. Nur der Teig muss im Ofen backen.

TARTE
TATIN

SCHOKO-BROWNIES MIT SÜSSKARTOFFELN

Brownies gelten nicht unbedingt als Schlankmacher: reichlich Butter, Zucker und Schokolade sorgen normalerweise für Schmelz und Saftigkeit. Hier geht's auch mal ohne.

500 g Süßkartoffeln
100 g (Medjol-)Datteln
80 g gemahlene Haselnüsse
80 g Buchweizenvollkornmehl
½ TL Zimtpulver
2 Msp. Lebkuchengewürz
abgeriebene Schale von
1 Bio-Orange
4 EL Kakaopulver
2 EL Ahornsirup

Für 1 Springform (16 × 16 cm, ca. 16 Stücke)
Zubereitungszeit: 25 Min.
(+ 25 Min. Garen, 45 Min. Backen)
Pro Stück: 105 kcal,
2 g EW, 4 g F, 16 g KH

V GF LF

1 Die Süßkartoffeln schälen, in ca. 1½ cm große Würfel schneiden und in einem Dämpfeinsatz über Wasserdampf in 20–25 Min. weich garen. Herausnehmen, gut ausdampfen und abkühlen lassen. (Oder nach Belieben die Süßkartoffeln im Backofen garen, siehe S. 154.)

2 Den Backofen auf 180° vorheizen. Die Springform mit Backpapier auslegen. Die Datteln in grobe Stücke schneiden, dabei die Kerne entfernen. Die Datteln mit 2 EL gemahlenen Haselnüssen in der Küchenmaschine fein hacken. Gut ein Drittel der Süßkartoffeln dazugeben und pürieren, dann restliche Süßkartoffeln dazugeben und alles fein pürieren.

3 Mehl mit übrigen Haselnüssen, Gewürzen, Orangenschale und Kakaopulver mischen und mit dem Ahornsirup gründlich unter das Süßkartoffel-Dattel-Püree rühren. Die Masse in die Form geben und glatt verstreichen. Im Ofen (Mitte, ideal: Umluft 160°) 40–45 Min. backen – die Ränder des Kuchens sollten fest sein und die Mitte bei Druck noch weich nachgeben.

4 Die Form aus dem Ofen nehmen, den Kuchen auf einem Kuchengitter abkühlen lassen. Dann den Kuchen aus der Form und vom Backpapier lösen und mit einem großen Messer in Brownies (ca. 4 × 4 cm) schneiden. Am besten in einer luftdicht verschließbaren Gefrierbox im Kühlschrank aufbewahren – so halten sie gut 1 Woche.

BESSER, WEIL … hier nur fruchteigener Zucker aus Datteln und Süßkartoffeln als »Süßstoff« dient. So werden die Brownies nicht nur supersweet, sondern auch noch herrlich saftig. Da fällt gar nicht auf, dass Eier und Butter auch fehlen.

KOKOS-SCHOKO-KÜSSE

Wer Bounty mag, wird diese kleinen Kokoshappen lieben! In ihnen stecken reichlich gesunde Kokosnuss und um einiges weniger an Zucker als im Original. Und trotzdem sind sie einfach super-sweet.

200 g Creamed Coconut (Bio-Qualität)
3 EL Kokosöl
5 EL Ahornsirup
200 g Kokosraspel
1 Prise Salz
Mark von ½ Vanilleschote
2 EL Limettensaft
300 g Zartbitterkuvertüre

Für 30 Stücke
Zubereitungszeit: 30 Min. (+ 30 Min. Kühlen)
Pro Stück: 130 kcal, 1 g EW, 9 g F, 11 g KH

V GF LF

1 Die Creamed Coconut aus der Packung nehmen und grob zerteilen. Das Kokosöl und den Ahornsirup in einem Topf erhitzen, bis sich kleine Bläschen bilden. Die Creamed Coconut dazugeben und bei geringer Hitze schmelzen lassen.

2 Den Topf vom Herd nehmen und die Kokosraspel, das Salz und das Vanillemark unter die Kokosmasse rühren. Alles mit einer Gabel und einem Löffel gut miteinander vermengen und zusammendrücken. Dabei nach und nach den Limettensaft und 4–6 EL Wasser dazugeben.

3 Eine flache Gefrierbox so mit Klarsichtfolie auslegen, dass die Folie großzügig über den Rand der Box hängt. Kokosmasse in die Box geben und mit einem Löffel oder den Händen fest und glatt hineindrücken (wer es ganz glatt mag, legt ein passendes Schneidebrett auf und drückt die Masse damit zusammen). Die Kokosmasse abkühlen lassen, dann die Folie darüberschlagen und die Box für 30 Min. ins Tiefkühlfach stellen, bis die Masse fest ist.

4 Die Kuvertüre klein hacken, in eine Schüssel geben und über einem heißen Wasserbad schmelzen. Die Box aus dem Tiefkühlfach nehmen, die feste Kokosmasse aus der Box und von der Folie lösen und in ca. 30 kleine Riegel oder Würfel schneiden. Diese nacheinander mithilfe von zwei Gabeln zügig in der Kuvertüre wenden und dann auf einem Kuchengitter abtropfen lassen. Eventuell muss man die Kuvertüre zwischendurch noch mal erwärmen, da die eingetauchten Kokosstücke sie schnell abkühlen und fest werden lassen.

5 Sobald die Schokolade fest ist, die Kokos-Schoko-Küsse vorsichtig vom Kuchengitter ablösen und in einer luftdicht verschließbaren Dose verpacken. Die Küsse am besten im Kühlschrank aufbewahren, so halten sie sich gut 2 Wochen. (Wer möchte, kann aber auch einen Teil der Riegel ohne Kuvertüre einfrieren und sie später mit der Schokolade überziehen.)

BESSER-ESSER-TIPP
Wer nicht unbedingt vegan essen mag, kann anstelle von Ahornsirup Honig verwenden.

AVOCADO-TOFU-QUARK MIT FRÜCHTEN

1 vollreife (Hass-)Avocado
2 TL Limettensaft
200 g Seidentofu
⅓ Vanilleschote
2 EL Agavendicksaft
2 EL Mandelblättchen
1 Pfirsich
125 g rote Johannisbeeren

Für 2 Personen
Zubereitungszeit: 15 Min.
Pro Portion: 450 kcal,
11 g EW, 35 g F, 22 g KH

GF LF

1 Die Avocado halbieren, den Kern entfernen und das Fruchtfleisch mit einem Löffel aus den Schalen lösen. Die Avocado in grobe Stücke schneiden und sofort mit dem Limettensaft in einem hohen Mixgefäß mischen.

2 Den Seidentofu gut abtropfen lassen und zur Avocado geben. Die Vanilleschote längs aufschlitzen, das Mark herauskratzen und mit dem Agavendicksaft ebenfalls dazugeben. Alles mit dem Pürierstab fein pürieren, bis eine feste, glatte Masse entstanden ist. Dabei den Stab mehrmals langsam von oben nach unten und zurück führen.

3 Die Mandelblättchen in einer Pfanne rösten, bis sie hell bräunen und duften, herausnehmen und auskühlen lassen. Pfirsich und Johannisbeeren waschen. Den Pfirsich in Spalten schneiden, dabei den Stein entfernen. Die Johannisbeeren von den Rispen streifen.

4 Den Avocado-Tofu-Quark auf Dessertschalen verteilen, Pfirsichspalten und Beeren auf dem Quark anrichten. Die abgekühlten Mandelblättchen darüberstreuen.

SAISONALER FRÜCHTETAUSCH

Anstelle von Pfirsich und Johannisbeeren kann man je nach Saison natürlich auch anderes Obst nehmen. Einfach ganz nach Lust und Laune auswählen!

AVOCADO-SCHOKO-MOUSSE

1 Die Schokolade in Stücke brechen und in einer Schüssel über einem heißen Wasserbad schmelzen. Schüssel vom Wasserbad nehmen und die Schokolade kurz abkühlen lassen.

2 Die Vanilleschote längs aufschlitzen, das Mark herauskratzen und mit der Kokosmilch in einen hohen Mixbecher geben. Die Avocado halbieren, den Kern entfernen und das Fruchtfleisch mit einem Löffel aus den Schalen lösen. Avocado in grobe Stücke schneiden und mit Kakaopulver und Agavendicksaft oder Ahornsirup ebenfalls in den Mixbecher geben. Alles mit dem Stabmixer zu einer cremigen, homogenen Masse pürieren.

3 Dann die gut abgekühlte, aber noch flüssige Schokolade sofort unter die Avocadomasse rühren oder mixen. Im Mixbecher zugedeckt im Kühlschrank in 1 Std. fest werden lassen.

4 Von der fest gewordenen Mousse nach Belieben Nocken abstechen und auf kleine Teller setzen oder die Mousse in einen Spritzbeutel füllen und in Förmchen spritzen. Die Mousse mit Kokosraspeln bestreuen. Die Hüllblätter der Physalis aufklappen und die Mousse mit den Früchten dekorieren, servieren.

70 g Zartbitterschokolade (mindestens 70 % Kakao)
½ Vanilleschote
50 ml Kokosmilch
1 vollreife (Hass-)Avocado
1 EL Kakaopulver
3 EL Agavendicksaft oder Ahornsirup
1 EL Kokosraspel (zum Bestreuen)
8 Physalis (nach Belieben)

Für 2 Personen
Zubereitungszeit: 20 Min. (+ 1 Std. Kühlen)
Pro Portion: 590 kcal, 6 g EW, 49 g F, 32 g KH

V GF LF

EIN BISSCHEN ZUCKER? BESSER NICHT?

BESSER WISSER

LIEBER COLA ODER APFELSAFT? APFELSAFT NATÜRLICH. JEDER WEISS DOCH, WIE VOLL VERZUCKERT COLA IST.

Klar, in einem 200-ml-Glas Cola stecken 8 Würfel Zucker. Aber Apfelsaft bringt es locker auf dieselbe Zuckermenge – genau wie die meisten Energiedrinks oder andere Fruchtsäfte. Und auch die gesunden Frucht-Smoothies aus dem Kühlregal stehen Coke in Sachen Zucker wenig nach.

OOUPS, KAUM ZU GLAUBEN. ABER WIE VIEL ZUCKER IST DENN EIGENTLICH BEDENKLICH?

Die Weltgesundheitsorganisation (WHO) empfiehlt derzeit 25 g pro Tag – also etwa 1 Glas Cola oder 2 süße Äpfel. In Deutschland isst man im Durchschnitt allerdings nicht 25 g, sondern 25 TL Zucker, also gut 100 g mehr.

Gesunde Süßmacher: Agavendicksaft und Kokosblütenzucker

ICH DACHTE IMMER, OBST IST GESÜNDER UND HÄTTE WENIGER ZUCKER …

Sicher, im Gegensatz zu Softdrinks erhält man bei Apfelsaft zusätzlich Vitamine und gesunde Vitalstoffe. Aber Fructose, also natürlicher Fruchtzucker, im Apfel fällt kalorienmäßig genauso ins Gewicht wie weißer Zucker (Saccharose), der sich in allen möglichen Lebensmitteln versteckt. Egal welche Zuckerart, zu viel davon macht dauerhaft dick, führt zu Karies und kann im schlimmsten Fall richtig krank machen, zuckerkrank eben.

DESHALB WERBEN WOHL INZWISCHEN VIELE HERSTELLER SCHON MIT »WENIGER ZUCKER« AUF DER VERPACKUNG?

Das stimmt. Leider ist da aber der Zucker oft nur besser versteckt: Normalerweise muss der mengenmäßig größte Bestandteil eines Lebensmittels ganz vorne auf der Zutatenliste angegeben werden. Das Wort »Zucker« findet man aber so nicht, zumindest am Anfang. Es taucht dafür meist gleich mehrmals auf, weil die einzelnen Zuckerarten getrennt aufgeführt werden: als Glucose, Maltose, Lactose, Dextrose, Invertzucker oder in Form von Gestenmalzextrakt, Magermilch- oder Molkenpulver. Clever, auf diese Weise fällt der Gesamtzuckergehalt nicht sofort ins Auge.

ALSO AUGEN AUF BEIM »ZUCKERKAUF«. BESSER ALTERNATIVE SÜSSUNGSMITTEL WIE AGAVENDICKSAFT ODER HONIG NEHMEN?

Das ist genauso wie beim Apfel. Überall steckt zwar kein raffinierter weißer Haushaltszucker drin, dafür natürlicher Zucker: 90 Prozent Fructose im Agavendicksaft, im Honig eine Mischung aus Fructose und Glucose.

ALSO GOODBYE SWEET LIFE UND AUCH BESSER KEIN OBST MEHR?

Wie so oft: Die Menge macht das Gift! Und auf Obst würde ich auf gar keinen Fall verzichten. Ein Apfel hält ja bekanntlich den Doktor fern und lässt einen garantiert nicht sofort beim Zahnarzt enden. Wenn es einem ums Abnehmen geht, dann eben bei sehr süßen, zuckerhaltigen Obstsorten wie Bananen, Kakis, Weintrauben und Datteln zurückhalten und eher säuerliche Sorten wie Zitrusfrüchte oder Äpfel nehmen. Apropos, wie wär es jetzt mit einem Glas Apfelschorle mit einem guten Schuss Zitronensaft?

UND STEVIA?

In Südamerika süßt man tatsächlich oft mit den auch »Zucker- oder Honigkraut« benannten Blättchen. Und vielen erscheint Stevia als Wundermittel: Es besitzt kaum Kalorien und soll dazu noch blutzucker- und blutdrucksenkend sein. Natürlich ist Stevia allerdings nur als frisches Grün, Steviakonzentrat und -pulver sind chemisch so aufbereitet, dass man genauso gut andere künstliche Süßstoffe nehmen könnte. Und der Geschmack ist auffällig, sehr süß und an Lakritze erinnernd. Da muss man es erst richtig dosieren lernen.

Süßes Blättchen: Stevia

NICECREAM

Eine absolut coole Idee: gefrorene Früchte ohne viel Zucker einfach nur ganz fix möglichst fein pürieren. Das erste Dessert, das ohne großen Aufwand eisig-erfrischend aus dem Tiefkühlfach kommt.

Manche löffeln sie bereits zum Frühstück: Nicecream ist die frostige Weiterentwicklung von Smoothie und Smoothiebowl. Dazu werden einfach nur Früchte – oder auch einmal Gemüse – kleingeschnitten, (an-)gefroren und anschließend in einem leistungsstarken Mixer möglichst fein püriert.

Puristen lieben das frostige Obst ausschließlich mit fruchteigener Süße, manche geben aber noch Milch, Kokos- oder Nussmilch oder sogar Nussmus oder Joghurt mit dazu – damit lässt sich die Masse oft leichter pürieren, sie wird cremiger und erinnert ein wenig mehr an Milchspeiseeis. Bananen sind aufgrund ihrer Süße und Konsistenz besonders gut geeignet und werden sehr gerne als Grundlage in Mischungen mit anderen Früchten genommen. Aber auch alle anderen Früchte, die Smoothies cremig machen, sind ideal für Nicecreams: Mangos, Papayas, Beeren, Pfirsiche, Aprikosen und natürlich Avocados.

Die Alternative zu Nicecreams, bei der Früchte zuerst gefrostet und dann püriert werden, ist mindestens genau so nice: einfach Fruchtpüree in Eis-am-Stiel-Behältern einfrieren. Das lecken nicht nur Kinder an heißen Tagen voller Begeisterung!

MANGO-LASSI-EIS

Für 2 Personen 300 g **Mangofruchtfleisch** in grobe Würfel schneiden und mit dem Mark von ⅓ **Vanilleschote** und 5 EL **Agavendicksaft** mit dem Stabmixer oder in der Küchenmaschine fein pürieren. 200 g **Sahne** steif schlagen und nach und nach gründlich unter das Mangopüree heben. Die Eismasse in Eis-am-Stiel-Förmchen füllen und im Tiefkühlfach mindestens 4 Std. durchfrieren lassen. Wer möchte, kann die Masse auch in Silikonformen füllen, anfrieren lassen, Holzsticks als Stiele hineinstecken und dann ganz durchfrieren lassen.

GF

AFTER-EIGHT-NICECREAM

Für 2 Personen 2 große Bananen schälen, grob würfeln und über Nacht oder mindestens 4 Std. in einer Gefrierbox im Tiefkühlfach gut durchfrieren lassen. 2 Stängel Minze abbrausen und trocken schütteln, Blättchen abzupfen und grob schneiden. 50 g kernlose grüne Weintrauben waschen. Mit 150 g gefrorenen TK-Erbsen und den gefrorenen Bananen in die Küchenmaschine geben. 2 EL Limettensaft, Minze und eventuell (wer es richtig süß mag) 2 EL Agavendicksaft dazugeben. Alles ganz fein pürieren, dann zum Schluss noch 1½ EL Kakaonibs (ersatzweise gehackte Zartbitterschokolade) unterrühren. Die Nicecream sofort auf Schälchen oder Gläser verteilen und genießen.

V GF LF R

PIÑA-COLADA-NICECREAM

Für 2 Personen 250 g geputztes Ananasfruchtfleisch (von einer schön reifen, sehr aromatischen Ananas) in grobe Würfel schneiden. 2 Bananen schälen und ebenfalls grob würfeln. Beides – am besten getrennt – über Nacht oder mindestens 4 Std. in einer Gefrierbox im Tiefkühlfach gut durchfrieren lassen. Dann die gefrorenen Bananen- und Ananasstücke mit 2 EL Limettensaft, 80 ml (möglichst gekühlter) Kokosmilch, dem ausgekratzten Mark von ⅓ Vanilleschote und eventuell noch 3 EL weißem Rum in die Küchenmaschine geben. Alles ganz fein pürieren und die Nicecream auf Schälchen oder Gläser verteilen. Nach Belieben mit Kokosraspeln oder -chips bestreuen und sofort genießen.

GF

BESSER, WEIL

… jeder, der heiß auf Eis ist, bei Nicecream gesünder auf seine Kosten kommt: Fast ausschließlich fruchteigener Zucker und gesunde Zutaten machen eine kleine Sünde zum gesunden Snack – also ruhig öfter mal schlecken!

A

B

C

T

V

W

Z

Appetit auf mehr?

ISBN 978-3-8338-4150-7

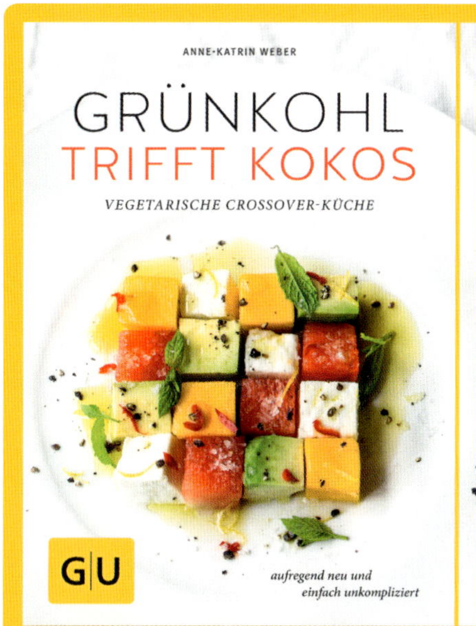

ISBN 978-3-8338-5024-0

ISBN 978-3-8338-3775-3

ISBN 978-3-8338-5650-1

ISBN 978-3-8338-5720-1

ISBN 978-3-8338-4431-7

Alle hier vorgestellten Bücher sind auch als eBook erhältlich.

Mehr von GU auf **www.gu.de** und
facebook.com/gu.verlag

G|U

Willkommen im Leben.

DIE AUTORIN

Tanja Dusy, war schon immer neugierig. Daher schrecken die vielen aktuellen Fragen rund um unser Essen die erfolgreiche Kochbuchautorin und ehemalige Redakteurin wenig: Sie sind ihr vielmehr Anreiz, sich noch intensiver mit dem Thema Ernährung zu beschäftigen, theoretisch, aber vor allem auch praktisch am Herd. Deshalb fließen langjährig gesammeltes Knowhow und die Leidenschaft für fantasievolle und gesunde Küche gleichermaßen in diesen kleinen Leitfaden ein – als Anregung für alle, die auch ein bisschen »besser essen« möchten.

DIE FOODFOTOGRAFIN

Coco Lang fotografiert Food und Stills in ihrem Werkstattstudio direkt am Münchner Viktualienmarkt. Für dieses Projekt hat sie Foodstylist Sven Dittmann mit an Bord geholt, für die Requisite Meike Graf und für die Bildbearbeitung SONGVAN. Coco Lang hat bei diesem Buch nicht nur mit viel Gespür und guten Ideen die Fotos produziert, sondern auch ihr grafisches Talent bei der Gestaltung der Rezeptseiten eingebracht.

BILDNACHWEIS

Coverfotos (Collage): Getty Images (10), Shotshop (3), Fotolia (1)
Autorenportrait: Monika Schürle
Alle anderen Fotos: Coco Lang

Projektleitung: Sabine Sälzer
Lektorat, Satz/DTP, Gestaltung: Redaktionsbüro Christina Geiger, München
Umschlag-Gestaltung: 19:13 Werbeagentur GmbH
Gestaltung Innenlayout: kral&kral design
Fotografie: Coco Lang
Foodstyling: Sven Dittmann
Requisite: Meike Graf
Bildbearbeitung: SONGVAN
Korrektorat: Petra Bachmann
Herstellung: Susanne Mühldorfer
Repro: Longo AG, Bozen
Druck und Bindung: Printer Trento s.r.l., Trento
Syndication: www.seasons.agency

ISBN 978-3-8338-5341-8

1. Auflage 2016

Die GU-Homepage finden Sie unter www.gu.de

UMWELTHINWEIS

Dieses Buch ist auf PEFC-zertifiziertem Papier aus nachhaltiger Waldwirtschaft gedruckt.

BACKOFENHINWEIS

Die Backzeiten können je nach Herd variieren. Die Temperaturangaben in unseren Rezepten beziehen sich auf das Backen im Elektroherd mit Ober- und Unterhitze und können bei Gasherden oder Backen mit Umluft abweichen. Details entnehmen Sie bitte Ihrer Gebrauchsanweisung.

QUALITÄTS G|U GARANTIE

Liebe Leserin, lieber Leser,

haben wir Ihre Erwartungen erfüllt? Sind Sie mit diesem Buch zufrieden? Haben Sie weitere Fragen zu diesem Thema? Wir freuen uns auf Ihre Rückmeldung, auf Lob, Kritik und Anregungen, damit wir für Sie immer besser werden können.

GRÄFE UND UNZER Verlag
Leserservice
Postfach 86 03 13
81630 München
E-Mail:
leserservice@graefe-und-unzer.de

Telefon: 00800 / 72 37 33 33*
Telefax: 00800 / 50 12 05 44*
Mo–Do: 9.00 – 17.00 Uhr
Fr: 9.00 – 16.00 Uhr
(gebührenfrei in D, A, CH)*

Ihr GRÄFE UND UNZER Verlag
Der erste Ratgeberverlag – seit 1722.

www.facebook.com/gu.verlag

GRÄFE UND UNZER

Ein Unternehmen der
GANSKE VERLAGSGRUPPE